edition suhrkamp 2475

Die Autorin Christa Wolf ist immer auch eine Leserin gewesen. In ihren Essays und Reden der letzten Jahre, die hier erstmalig vollständig versammelt sind, würdigt sie ihre literarischen Vorbilder und setzt sich mit dem Werk bedeutsamer Autoren des 20. Jahrhunderts auseinander. So eröffnet sie z. B. neue Zugänge zur Lyrik von Nelly Sachs und fragt: »Was wäre heute human?« So geht sie mit Heinrich Böll auf die »Suche nach einer bewohnbaren Sprache in einem bewohnbaren Land« und holt auch bei der Betrachtung der Werke von Anna Seghers, Volker Braun, Inge Müller, Brigitte Reimann, Maxie Wander oder Irmtraud Morgner stets die Gegenwart in die Textanalyse mit hinein.
Die bisher verstreut publizierten Texte, ergänzt um Unveröffentlichtes wie einen Aufsatz über Hermann Sinsheimer, Reden über Hans Mayer und das Vorwort »Kenntlich werden«, zeigen das faszinierende Denk- und Lektüregeflecht, »Der Worte Adernetz« (Nelly Sachs), in dem sich die Autorin Christa Wolf bewegt.

Christa Wolf, geboren 1929 in Landsberg/Warthe (Gorzów Wielkopolski), lebt in Berlin und Woserin (Mecklenburg-Vorpommern).

Foto: Helga Paris

Christa Wolf

Der Worte Adernetz

Essays und Reden

Suhrkamp

edition suhrkamp 2475
Erste Auflage 2006

Originalausgabe

Satz: Jung Crossmedia Publishing, Lahnau
Druck: Druckhaus Nomos, Sinzheim
Printed in Germany
ISBN 978-3-518-12475-8
ISBN 3-518-12475-7

1 2 3 4 5 6 – 11 10 09 08 07 06

Der Worte Adernetz

Kenntlich werden

Vorwort

Die Arbeit an diesem Text, der die Beiträge dieses Bandes bündeln soll, fällt in die Zeit eines Aufenthaltes auf dem Lande, der Beobachtung langsamer Fortschritte der vorfrühlingshaften Natur am Tag, gemeinsamer Essen und Zusammenkünfte unterschiedlicher Menschen in der alten Pfarrhausküche an den Abenden, an denen die Dunkelheit durch die beiden Fenster, die nach Westen gehen, langsam einfällt. Es gibt noch nicht die dramatischen Sonnenuntergänge der späteren Monate, sondern eine immer tiefere Dämmerung, die wir erst wahrnehmen, als wir unsere Gesichter nicht mehr erkennen. Da zünden wir eine Kerze an. Zuerst sind wir sechs Menschen, die gegrillten Fisch, Reis, Salat essen. A., der Abiturient, der jüngste unter uns, der gerade ein ökologisches Praktikum auf einer Nordseeinsel absolviert, belehrt uns, daß wir diesen Fisch eigentlich nicht essen dürften: Die Bestände seien überfischt. Eigentlich, sagt er, dürften wir fast keine Seefische mehr essen, die in den uns nahen Gewässern vorkommen: Alle vom Aussterben bedroht. Wir sind betroffen, zweifeln, diskutieren, verhandeln. A. ist unerbittlich.

Neue Freunde kommen herein, bringen Wein mit, Oliven, griechische Brotaufstriche, selbstgebackenes Brot, das Essen geht weiter, saubere Schüsseln und Teller werden auf den Tisch gestellt, der neue Wein wird verkostet, der Stimmungspegel steigt. Im Lauf des Abends vergrößert sich die Zahl der Gäste, alle Altersgruppen sind darunter, junge Leute, Männer, Frauen »im besten Alter«, ich sehe, daß ich wieder die älteste bin. Das mag der Grund dafür sein, daß ich, wahrscheinlich nur ich, eine leise Trauer spüre in diesem lebhaften, freundschaftlichen Kreis: Uns Alte haben schon zu viele,

Freunde, Altersgenossen, die uns nahe waren, für immer verlassen. Manche von ihnen sind durch Beiträge, die ihnen gelten, in diesem Band vertreten. Es bleibt ein Verlustgefühl, schon gewohnt.

Seit Tagen und bis in jene Abendstunden hinein beschäftigt mich die Frage, um welches Zentrum dieser Text kreisen müßte. Ich möchte darüber reden, ich brauche Anregung, Inspiration. Ich lege das Inhaltsverzeichnis für meinen Essayband auf den Küchentisch und sehe, auch andere haben Papiere, Pläne, Faltblätter, Kataloge mitgebracht. Alle möglichen Berufe sind versammelt, Studenten, eine Statikerin, ein Grafiker, ein Politiker, eine Pastorin, Autoren, Mitarbeiterinnen an verschiedenen Projekten: Menschenrechte, Grundlagen der Zivilgesellschaft, Einwanderungsprobleme. Umfangreiche, nützliche Tätigkeitsbereiche.

Was haben die Schriftstellerinnen, Schriftsteller, denen die einzelnen Beiträge in meinem Band gewidmet sind, mit uns, was haben sie miteinander zu tun? Nach welchen Gesichtspunkten habe ich sie ausgesucht?

Wie ein Signal taucht ein Wort immer wieder in mir auf, läßt sich nicht verdrängen: BARBAREI. Ja: Alle die Autoren, die in diesem Band versammelt sind, haben gegen die Barbarei angeschrieben. Mit Erfolg? frage ich voreilig. Mit der Wahl der Wörter fängt es ja an, sehr umsichtig sollte man da sein, sage ich mir, Wörter aus dem Bereich der Produktion, der Effizienz sollte man tunlichst meiden. Wieso? Weil mit ihnen die Barbarei beginnt? »Erfolg« als Zielstellung erfordert doch die pflichtgemäße, mechanische, oft auch lieblose Erfüllung eines von außen aufgebürdeten Auftrags. Gefühllosigkeit – ist sie nicht eine Voraussetzung für Barbarei?

Die Frage, wie aus dem anscheinend – oder scheinbar – so harmlosen, humanen neunzehnten Jahrhundert das barbarische zwanzigste hervorbrechen konnte, das Historiker als das düsterste in unserer Geschichte bezeichnet haben; das Jahrhundert, dem alle die Autoren des Bandes angehören, dem auch ich angehöre – diese Frage ist nicht neu. Schon um 1900, im tiefsten Frieden, haben die sensibelsten Geister ihr Unbehagen an dieser Kultur empfunden und ausgedrückt. Immer waren – und sind? – es die künstlerisch, geistig Arbeitenden, die in ihrer Seele und in den Seelen ihrer Zeitgenossen jenes Vorbeben spüren, das später als Katastrophe ausbrechen wird. Hat man ihnen je geglaubt? Die Frage ist drükkend, anscheinend wird sie dringlicher, je älter ich werde. Und: Gründen diese Katastrophen auf irreparablen Schäden in den Wurzeln unserer Zivilisation?

Ich sammle Antworten, auch hier, an diesem Tisch, gerade hier: Aussagen, Belege, Beweise und Gegenbeweise, um diesem einundzwanzigsten Jahrhundert, in das ich wider Erwarten noch hineingeraten bin, ohne recht heimisch in ihm zu werden, eine Chance einzuräumen. Als ahnten sie, worum es mir geht, kommen meine Tischgenossen meinem Streben entgegen: Das Stichwort »Abendland« ist gefallen, einer der Freunde ist auf Urlaub von einer Hilfsorganisation im Kosovo und berichtet von den Zuständen dort nach dem letzten Krieg. Und von den Hoffnungen der Menschen. Die Rede kommt also auf die »christlichen Werte«, die in aller Munde sind, weil sie, angesichts der Verwahrlosung vieler Jugendlicher, wieder in die Familien, soweit es sie noch gibt, hineingetragen werden sollen. Sie, die christlichen Werte, seien doch, sagen die Politiker, die uns dafür gewinnen wollen, die Grundlage für unsere europäischen Werte. Schweigen. Und welches, frage ich in den Raum hinein, sind denn eigentlich die europäischen Werte!

Da mischt H., die Studentin, Fach Kulturwissenschaft, sich heftig ein: Sie finde das Gerede von den europäischen Werten unerträglich arrogant. Wie könnten wir es uns anmaßen, uns noch auf »europäische Werte« zu berufen? Habe der Holocaust uns nicht ein für allemal das Recht darauf entzogen? Dieses Recht »gelöscht«, in der mir unzugänglichen Computersprache des neuen Jahrtausends gesprochen? Sie finde, sagt H., die »Werte« unserer Kultur, die man so oft als naturgegeben, als allgemeingültig hinstelle, seien eine bewußte Konstruktion, die auch dazu diene, andere Werte, Angehörige anderer Kulturen auszuschließen. Ich spüre eine Erregung: Meine Fragen werden hier verhandelt.

»Ihr Zuschauenden, unter deren Blicken getötet wurde...«: Zeilen der Nelly Sachs. – Insgeheim zähle ich nach: Sieben der vierzehn Autoren dieses Bandes sind direkt von Verfolgung betroffen gewesen, das ist kein Zufall. Die anderen umkreisen mit ihren Nachforschungen, mit ihren Gedanken direkt und indirekt die Frage nach jener anfälligen, »faulen« Stelle in unserer Kultur, die der Verlockung durch Verführung, dem Druck der Macht nicht standhielt, die brüchig war, die brach, aus der das Unheil sich ergoß – wie in jener »satanischen Nacht«, die Hermann Sinsheimer beschreibt. Und was sollten sie, die Betroffenen, was sollen wir, die Nachgeborenen, die wir uns aufs Schreiben verlegt haben, in dieser Zeit, an diesem Ort anderes wieder und wieder bedenken als dieses: Wie konnte es geschehen? Und: Sind wir dagegen gefeit? Jetzt und hier, da die Zeitung von heute auf ihrer ersten Seite von einem »rassistischen Überfall« auf einen Schwarzen berichtet, gar nicht weit von hier? Da der Bürgermeister einer kleinen Stadt, in der ein Unternehmer sich ansiedeln, höchst fragwürdige Produkte herstellen und damit ein paar Arbeitsplätze schaffen will, verlautbart: Moral können wir uns nicht leisten, wir haben zu viele Arbeitslose? Da eine junge Frau ihr neugeborenes Kind tötet, um ihren Ausbildungsplatz nicht zu verlieren? Ist mein Verdacht berechtigt, daß solche Vorfälle Zeichen und zugleich Nährboden sein könnten für die Ausbreitung einer Infektion? Woher aber die Anfälligkeit?

Wieder Nelly Sachs, mit einem wehmütigen Lächeln: »Die Sehnsucht, glücklich zu sein, ist eben stärker, als die Sehnsucht, gut zu sein.« Welches »Glück« wird denn ersehnt? Das Glück des Konsumierens, das wir ja auch kennen? Das

Glück, sich bewußtlos, kinderselig in der Flut der Ablenkungen, der Vergnügungen treiben zu lassen, die anstrengende Auseinandersetzung mit den Problemen der eigenen Existenz vermeidend? Eine Versuchung wiederum, die uns allen nicht fremd ist. Als könnten die Glücksuchenden nirgendwo Orientierung finden, als gäbe es für sie keinen Beistand, wenn sie, einer tieferen Sehnsucht folgend, »Zur Person« unterwegs sind. Als gäbe es die Artikel, die Reden, die Bücher nicht, von Autoren geschrieben, die Verhöhnung, Verfolgung, Vertreibung auf sich genommen haben, um ebendiese Bücher schreiben zu können, die für viele Angehörige meiner Generation wegweisend wurden.

Ich merke, wie das Gefühl mich wieder überkommt, einer überholten, aussterbenden Art anzugehören, deren Erfahrungen nicht mehr gebraucht werden. Aus drei Gesellschaftsordnungen könnte ich Erinnerungen beisteuern, Erinnerungen an »normales« Leben, an Abwege, Irrtümer, Konflikte, Glücksmomente und Verzweiflungen, an Zusammenbrüche, Einsichten, Lernprozesse, an beharrliche Hoffnungen, an anstrengende und lustvolle Bemühungen um Veränderung. Kann ich auch Gründe benennen für den wieder aufflammenden Haß gegen alles, was fremd ist und als Bedrohung empfunden wird? Kenne ich Möglichkeiten, ihn zu bekämpfen? Als Gegenmittel gegen irrationalen Wahn, die ich am eigenen Leib erprobt habe, fallen mir ein: Namen von Schriftstellern, Titel von Büchern, Schicksale von literarischen Gestalten. »Das siebte Kreuz« habe sie noch nicht gelesen, sagt die Freundin der Studentin. Das geht also auch, man wird heute zwanzig und hat das »Siebte Kreuz« nicht gelesen. Ich weise mich zurecht. Was alles hatten wir nicht gelesen, als wir zwanzig wurden. Und, schlimmer: Was alles, wieviel »gute Literatur« mochten die gelesen haben – es waren ja viele Studenten, »Gebildete« darunter –, die dann diese Bücher auf die Scheiterhaufen warfen. All das Geschriebene, all das Gelesene machte und macht anscheinend nicht immun gegen den Virus – wie nenne ich ihn? Des »Bösen«? Der Vernichtungslust? Des abgrundtiefen Nihilismus? Der doch, das hoffe ich, nicht naturgegeben ist. Sondern gezüchtet wird in wieder einmal unglückseligen Verhältnissen.

Eine Gesellschaft, die sich nicht erinnere, sei krank, schreibt Heinrich Böll. Er nennt die Bundesrepublik ein »trauriges Land, aber ohne Trauer: es hat seine Trauer delegiert, über die Grenze nach Osten«. Der Osten, die andere deutsche Hälfte, hat aber die Trauer nicht angenommen, hat sie am liebsten postwendend zurückgeschickt. Hat sich selbst Optimismus und Frohsinn verordnet, so daß manche Autoren einen absurden Kampf führen mußten, den Kampf um die Rechtmäßigkeit von Trauer. Mir kommt der Gedanke, daß man im Verlauf der Wiedervereinigung eigentlich auch zwei Arten von Trauer hätte offenlegen sollen, nach ihren Wurzeln fragen und, indem man sich um Verständnis bemüht hätte für die Trauer des je anderen, vielleicht zu ihrer Milderung und zum Verständnis der eigenen Trauer beigetragen hätte. Aber darauf kamen wir nicht, denke ich, da doch Jubel angesagt war. So blieb jede Hälfte mit ihrer Trauer allein, mit ihrer eigenen Last des jahrhundertealten unglücklichen deutschen Bewußtseins.

Dieser Begriff ist den Jüngeren nicht bekannt, das sollte mich freuen. Und Marxens Wort von der »deutschen Misere«? Auf das die Seghers sich bezieht, wenn sie über Friedrich Schiller schreibt: »Er wird erfahren, daß es gar nicht so einfach ist, Achtung zu haben vor den Träumen seiner Jugend, in der deutschen Misere.« Das ist 1947, da ist sie gerade aus der Emigration zurückgekehrt in ihr »verhextes Land«, in dem sie lernen muß, »traurig« zu sein, weil ihre »Sprache deutsch ist«. Ihren Landsleuten, unter denen sie sich verwaist fühlt, ist eine neue Sprache eingehämmert worden, mit schrecklichen Wörtern, die sie noch lange gebrauchen werden. Ein Grundbestand urdeutscher Wörter ist dafür ausgerottet, der Sprache verwiesen worden, darunter Wörter wie:

redlich, rechtschaffen, unbestechlich, wahrhaftig, freundlich, liebevoll, schmerzlich – wie oft hören oder lesen wir sie heute ohne ironischen Unterton? So wäre es eine vordringliche Aufgabe für alle, die mit Sprache umgehen, Wörter, die dem Untergang geweiht sind, zu retten? Ein Unterfangen, dem ein tapferer Wirklichkeitssinn vorausgehen müßte, wie Inge Müller ihn, sehr früh nach dem Krieg, lakonisch einfordert: »Sieh was ist, frag wie es kam.« Und hängt nicht mit der Sprachverarmung, die eine Gefühlsverarmung signalisiert, zusammen, was Böll beklagt: das »Nicht-wohnen-Können der Deutschen«? Was, denke ich, ein Grund dafür sein mag, daß wir Deutschen, selbst nicht heimisch, anderen das Wohnrecht in unserem Land gerne verweigern. Bis heute. Das empfindliche, das gestörte deutsche Selbstempfinden. Dem Brecht ein Gegenmittel anempfiehlt:

O Deutschland, wie bist du zerrissen
Und nicht mit dir allein!
In Kält und Finsternissen
Läßt eins das andre sein.
Und hättst so schöne Auen
Und reger Städte viel:
Tätst du dir selbst vertrauen
Wär alles Kinderspiel.

1952 geschrieben, mitten im kalten Krieg. Gilt das noch heute, in den veränderten Verhältnissen? Bin ich entmutigt über die Folgenlosigkeit aller dieser Texte? Den Widerspruch, den ich an diesem Tisch erfahre, habe ich mir gewünscht. Noch mal von vorne! fordern einige. Wie entsteht, woraus erwächst denn Selbstvertrauen? Klingt es zu simpel, wenn man sagt: Aus gemeinsamer Tätigkeit, in der man die anderen und sich selbst kennenlernt?

Das Einfache muß nicht simpel sein. Ich komme auf meinen Band zurück. Haben nicht all diese und so viele andere Autoren, über die Jahrhunderte hin, redlich – da gilt dieses

Wort! – das Ihre geleistet, sich selbst und ihren Lesern, den Deutschen!, die Zeit, die Gesellschaft, in der sie lebten, kenntlich zu machen? Ihnen, auch als es das Modewort noch nicht gab, ein Gefühl, ein Bewußtsein von Identität zu geben? Identität, die durch Bindung und Konflikt erwächst und daraus, daß man sich dem Konflikt mit der ganzen Person stellt? Was sonst wäre ihr, unser Auftrag gewesen, wäre es noch heute? Alles in den Wind geschrieben, ungültig gemacht durch die Rollkommandos der Diktatur, ausgelöscht von der übelsten Ausformung der unglückseligen deutschen Geschichte? Wie entstand im innersten Innern der gepriesenen Hochkultur jenes Vakuum, das sie wehrlos machte gegen den Einbruch der Barbarei? Eine Leere, in der erloschene Fixsterne treiben, auf die unbeirrt hingewiesen wird, als könnten sie noch Orientierung geben?

Ich muß zurückblicken. Hans Mayer, deutscher Jude, durchdrungen von deutscher Kultur, stellt fest: »Deutsch sein und human sein fallen so oft in der Geschichte nicht zusammen.« Wieso nicht? Ist ihr Zusammengehen, als Möglichkeit, endgültig erstickt worden im Blut der Bauernkriege, und dann wieder in jeder der verunglückten Revolutionen in Deutschland? Die Aufklärung, stolze Schöpfung eines kleinen Kreises hochgebildeter Männer, deren eines Fahnenwort »Toleranz« gewesen ist, berührt die wenig oder gar nicht Gebildeten nicht, jene, die auf den Feldern, später am Fließband schuften. Moses Mendelssohn, preußischer »Schutzjude«, einer der wichtigsten Aufklärer, dessen Grab in der Mitte Berlins in der Zeit des Nationalsozialismus auch geschändet wurde, schreibt 1784: »Die Worte *Kultur*, *Bildung* sind in unsrer Sprache noch neue Ankömmlinge. Sie gehören vor der Hand nur zur Büchersprache. Der gemeine Haufe verstehet sie kaum.« Es wäre aber darauf angekommen, denke ich, und wie dringlich würde es heute darauf ankommen!, diese immer noch »neuen Ankömmlinge« in der Alltagssprache des »gemeinen Haufens« willkommen zu heißen, was bedeutete, auch den armen, auch den ausländischen Bewohnern unseres Landes Zugang zu ihnen zu verschaffen; die Wörter nicht nur, auch das, was sie bezeichnen, in das Alltagsleben der arbeitenden Menschen einzubetten. Und derer, die nicht arbeiten dürfen? Der Millionen Überflüssigen? Ist die Befürchtung, daß Überflüssigsein eine starke Voraussetzung für Aus-der-Gesittung-Fallen ist, wirklich unbegründet?

Wir sind uns einig im Erstaunen darüber, daß die sozialen Verhältnisse so selten öffentlich als ein wichtiger Grund für die sich steigernden Ausbrüche von Gewalt benannt werden, trotz der Lehren aus der deutschen Geschichte der zwanziger Jahre. Volker Braun schildert den Prozeß der schleichenden Entfremdung durch Entzug gesellschaftlich sinnvoller Arbeit an den vier Werkzeugmachern, die sich so sicher waren, unersetzlich zu sein in ihrer hohen Qualität als Facharbeiter; die dann im Prozeß der Wiedervereinigung, der über ihren Betrieb hinwegfegt, zuerst ihr Ansehen, dann ihre Arbeit verlieren: Der Umbau, die Demontage von Menschen durch Arbeitslosigkeit. Wie die sozialen Widersprüche die Menschen »glauben lassen, nicht mehr sie selbst zu sein«, und im Innern eines jeden ebenjene Leere erzeugen, aus der irrationale Taten entspringen: »Wahnsinn Vernunft« – eine Definition von Aufklärung heute. Die Hochkultur hielt sich von den sozialen Gegebenheiten fern. Vernunft, das Losungswort der Aufklärer, verkommt mit dem Fortschritt der einseitig mathematisch gegründeten Naturwissenschaften zur dürren Ratio. Neben der hohen Blüte von Philosophie und Literatur fehlt es an schlichter Menschlichkeit.

Die jungen Leute an unserem Küchentisch können nicht verstehen, daß ganze Generationen gebildeter Deutscher sich der Täuschung hingeben konnten, ihr Land und Europa verkörpere den höchsten Standard von humaner Moral in der Welt. Haben sie das Entsetzen ganzer Kontinente vor den Untaten des weißen Mannes nicht wahrgenommen?, fragt U., der in seiner Zivizeit als Altenpfleger gearbeitet hat und jetzt Geschichte studiert. Sind Selbsttäuschungen so unauflösbar?

Vielleicht gelingt es eurer Generation, auf sie zu verzichten, möchte ich sagen, weiß aber, daß immer nur Minderheiten es auf sich nehmen, sich selbst, ihr Land einfach zu sehen, wie es ist. Diesen Schmerz auszuhalten. Als es darauf ankam, gab es in Deutschland die sozialen Bindungen nicht, die die verarmten, durch Arbeitslosigkeit demoralisierten Massen gefeit hätten gegen die Einflüsterung des »Alles ist erlaubt«. »Das Gewissen ist eine jüdische Erfindung«, verkündete der Führer, und Tausende Deutsche, entlastet von den unbequemen Forderungen der christlichen Moral, planten und verübten, gewissen-los, den Massenmord an den Juden.

Zeit ist vergangen. Um den Tisch herum hat man sich naheliegenden Themen zugewandt. Es wird von der Pflasterstraße gesprochen, die wir dem Dorf möglichst erhalten wollen. Von der gemeinsamen Arbeit in R., unserem Nachbardorf, am Ersten Mai. Wer Verpflegung mitbringen kann, wer Kuchen bäckt, wer noch Interessenten einlädt. Der Kräutergarten, höre ich, wird von einer engagierten Gärtnerin gut gepflegt. Sie zieht Schafe einer seltenen Rasse auf, die das Gelände sauberhalten, und will im Sommer selbstangebaute Kräuter verkaufen. Eine Reihe von Platanen hat man gepflanzt. Um Materialien geht es noch, die man für Ausbesserungsarbeiten braucht: Wo man sie für wenig Geld bekommen kann. Das alles interessiert mich. Als vor wenigen Jahren einige, die jetzt mit an unserem Küchentisch sitzen, die Vision entwickelten, dieses große Stallgebäude im Nachbardorf, das mit seinem seltenen mächtigen Dachbalkenwerk dem Verfall preisgegeben schien, durch gemeinsame Arbeit und durch Spenden von Sponsoren zu retten, habe ich nicht an die Verwirklichung eines solchen Plans geglaubt, habe das aber verheimlicht. Jetzt sage ich es: Ich habe mir nicht vorstellen können, daß ihr, sage ich, diese immense Arbeit über Jahre hin leisten könntet. Daß dieser verwahrloste Hof, in dem jetzt schon einige Handwerker ihre Werkstätten haben, einmal als geistiges, soziales, kulturelles Zentrum auf die Region ausstrahlen würde.

Ein Faltblatt liegt auf dem Tisch, das die nächsten Aktivitäten beim Hof R. auflistet, wir müssen eine zweite, eine dritte Kerze anzünden, um es lesen zu können. Es wird also auch dieses Jahr wieder zu Pfingsten das Angebot »Kunst offen« geben, zu dem aus der ganzen Gegend Besucher kommen werden, um in dem großen, inzwischen hergerichteten und geweißten Raum die Blätter des Grafikers, die Fotos von den Dorfbewohnern zu betrachten, die ein »aus dem Westen« zugezogener, sehr schnell eingemeindeter Fotograf gemacht hat. Um dem Kinderzirkus Beifall zu klatschen, der schon zur Tradition gehört, die Kinder anzufeuern, ihre große Malwand gemeinsam fertigzumachen. Um sich auf den einfachen Bänken, an roh gezimmerten Holztischen niederzulassen, selbstgebackenen Streuselkuchen zu essen, miteinander Bekanntschaft zu machen, die nächsten Pläne zu besprechen.

Keiner würde auf die Idee kommen, diese Treffen mit dem Schlagwort »Event« zu belegen, denke ich. Was sie, was uns zusammenhält, ist die Freude – ein Wort, das in keiner öffentlichen Verlautbarung, in keinem Produktionsplan vorkommen könnte –, die Freude, durch gemeinsame uneigennützige Tätigkeit etwas wachsen zu sehen, was seinerseits wieder Freude verbreitet. Effizienz, Erfolg, Konsum, Besitz sind Wörter aus der anderen Welt, denke ich, in der wir alle auch leben, von der wir nicht unberührt und nicht unbeeinflußt sind. Hier aber geht es nicht um Gewinn, nicht um makellose Vollkommenheit, welche eine Konkurrenz ausstechen würde. Jeder, der sich etwas abgucken will, ist willkommen. Träumen die, die um unseren Küchentisch sitzen, davon, daß ein Netzwerk solcher Aktivitäten von unten sich über das Land ausbreiten wird und Kräfte gegen Resignation und Lähmung weckt, die der Nährboden für dumpfe Gewaltphantasien sind? Ein soziales Netzwerk, das auch Belastungen aushalten würde? Das beste, das einzig wirksame Mittel gegen Haß und Gewalt?

Nicht übertreiben, ermahne ich mich. Auf der Suche nach Widerspruch gebe ich zu bedenken, wie wenig Leute doch an solchen Tätigkeiten teilnehmen, verglichen mit der großen Masse eher mutloser, auch gleichgültiger Menschen. Gewiß, gewiß, erwidert man und reicht mir einen dünnen Katalog, auf dem in großen weißen Buchstaben steht: WIR HABEN DA EINE IDEE. Und darüber, kleiner gedruckt: »Kleinprojekte – Lokales Handeln für soziale Zwecke«. Ich blättere die wenigen Seiten auf. Mehrere unserer Tischgenossen waren also wochenlang im Land unterwegs, um die »Kleinprojekte« zu besuchen. Sie haben die Mitarbeiter – oft nur wenige Leute – interviewt, haben festgehalten, was sie herstellen oder betreiben, haben die einzelnen Initiatoren miteinander bekannt gemacht und ein weiteres Netzwerk über das Land gelegt, dem es sehr an regulären Arbeitsplätzen für seine Bewohner fehlt, so daß immer mehr Menschen es verlassen. Und hier: Sehr kleine, sehr bescheidene Ansätze in oft abgelegenen Dörfern, lese ich: Begegnungszentrum, Kunstzentrum, Geschichtswerkstatt, Tauschring, Irrgarten, Sturmfreie Bühne, Schrottwerkstatt. Wache, aufgeschlossene Gesichter auf den Fotos. Unverblümte, direkte, konkrete Rede: »Nicht nur das wenige Geld ist das Problem für die Leute, sondern die viele sinnlose Zeit«. »Die Leute sollen einfach irgendwas machen. Sich zwei Gleichgesinnte suchen und anfangen.« »Wir haben was gut gemacht, ich bin stolz auf mich.« »Toll ist, daß bei uns Kinder und Erwachsene was zusammen machen.« »Wir wollen uns die Weltgeschichte ins Haus holen. Wie ist es heute mit der Verantwortung?« Immigrantin: »Seit zwei Jahren bin ich hier und habe immer noch keinen Deutschkurs. Wir haben ein Dach überm Kopf, Essen und Trinken, aber ich brauche Nahrung für meinen Kopf.« »Erst mal gucken sich alle wieder an. Die reden wieder miteinander.« »Wenn man so die gesellschaftliche Situation betrachtet, dann war und ist klar, wir können hier nur selbst was machen.«

Wie entsteht Selbstvertrauen? Durch praktische Tätigkeit, und sei sie noch so bescheiden. Und das geschriebene Wort? Literatur? Ich rücke mein Inhaltsverzeichnis in die Mitte, in den Lichtkreis der Kerzen, lese die Namen vor, zitiere Titel, einige Sätze. Ungeteilte Aufmerksamkeit. Bei den meisten Autorennamen werden Bücher genannt, die diese oder jener gelesen hat, oft wissen sie noch, wann, bei welcher Gelegenheit und was sie an ihnen beeindruckt hat, Erinnerungen tauchen auf, die es ohne dieses Buch nicht geben würde. M., die sich seit Jahren um die Eingliederung von Immigranten aus anderen Kulturkreisen in unsere Kultur bemüht, erzählt, wie Literatur ihr dabei hilft, weil sie die Gefühle derer anspricht, die bei uns fremd sind. Ohne Literatur, sagt T., die als Trainerin Menschen darin übt, mit Konflikten gewaltfrei umzugehen, vor allem in Osteuropa – ohne Literatur möchte sie nicht leben. Sie brauche sie, um sich selbst zu finden, aber nicht als egoistische Nabelschau: Vor allem lese sie, um andere Menschen kennenzulernen, ihr Umfeld, ihr Innenleben. Um sich mit ihnen zu vergleichen, sich an ihnen zu messen, durch die Kenntnis dieser anderen sich selbst zu bereichern.

Dies wäre also unser Ziel? Ja: Darüber gibt es Einigkeit. Auch darüber, daß uns, mit raffinierten und mit gewaltsamen Mitteln, eine Ersatzwelt untergeschoben wird, die uns zu kritiklosen Konsumenten machen soll. Wodurch können wir uns fest verankern in der Wirklichkeit, die uns frei, kühn, zu Taten fähig machen würde? Ja: Auch mit Hilfe dieser Bücher. Und: Jeder Mensch ist das Ebenbild Gottes, sagt R., die Pastorin, schlicht. Daran kann er sich halten. Und Literatur, auch wenn sie alles andere als fromm ist, sei eine gesteigerte Wirklichkeit und erwecke in ihren Lesern die Sehnsucht nach einer Transzendenz jenseits der globalisierten Welt der Waren.

Ich halte ihr ein paar Sätze der Langgässer entgegen, der gläubigen Katholikin, die zu ihrem Lebensende hin in eine immer tiefere Trostlosigkeit versank. Einen Dialog aus einem ihrer Bücher: Wie stellen Sie sich den Ausgang des Dramas zwischen Gott und Luzifer vor? Antwort: Der Satan ist Herr dieser Welt. – Kein anderes Mittel weiß sie dagegen, als »blindlings zu glauben«. – »Blindlings«? Da sind alle skeptisch. Dem Satan müsse man anders begegnen. – Niemand in unserer Runde kennt die Bücher der Langgässer oder ihr tragisches Leben. Wenige, das erfahre ich mit Bestürzung, kennen den Namen Kurt Stern, ich rate ihnen, seine Tagebücher zu lesen, die gerade erschienen sind, mit der bangen Frage im Titel: Was wird mit uns geschehen?

Andere Namen kennen alle. Die etwas älteren – für mich immer noch jungen – Frauen um unseren Tisch, gleichgültig, ob sie aus Ost- oder Westdeutschland sind, werden lebhaft, als die Rede auf Maxie Wander und Irmtraud Morgner kommt. Sie alle haben die Frauenmonologe der Maxie Wander damals als an sie ganz persönlich gerichtete Botschaften gelesen. Wenn etwas ihr Selbstbewußtsein gestärkt habe, seien es diese Texte gewesen, und, das betonen besonders die Westfrauen: Die Romane der Morgner hätten ihren feministischen Ansichten eine konkrete Grundlage gegeben. Die sind heute so gut wie vergessen, auf dem Markt nicht zu bekommen, kein Verlag verspricht sich einen nennenswerten Absatz dieser Bücher, also werden sie nicht gedruckt, sage ich. Wie hat sie doch, gegen ihr Lebensende, traurig und bitter gesagt: »Die Chance eines Jahrhunderts vertan!«

Dagegen ist Brigitte Reimann, mit ihrem Roman »Franziska Linkerhand« zunächst nur in der DDR bekannt, in den letzten Jahren besonders durch ihre Tagebücher auch den Frauen im Westen ein Begriff geworden, höre ich. Sie haben durch sie über unser Leben im Osten etwas erfahren, was sie nicht für möglich gehalten hätten: Bei aller Bedrängnis, bei allen Enttäuschungen sei durch ein leidenschaftliches Engagement, einen beharrlichen Kampf um persönliches Glück und die unbestechliche Auseinandersetzung mit tiefgehenden Konflikten ein erfülltes Leben möglich gewesen.

Ein Gespräch kommt auf, Fragen gehen hin und her: Was denn eigentlich an den Büchern dieser Frauen so aufregend für sie war und ist. Warum sie, das bestätigen alle, ihnen heute noch so aktuell erscheinen. K., die Statikerin, die bis jetzt wenig gesprochen hat, die tagsüber mit Hingabe einen großen Auftrag ausführt: das Balkenwerk einer alten Kirche in der Nachbarschaft auszumessen, das erneuert werden muß –, sie sagt, es sei die Sehnsucht nach einer Utopie, ohne die man schwer leben könne, die wir in diesen Büchern fänden. Utopie? Inzwischen fast ein Tabuwort, sage ich. Na und?, sagt K. Wer will uns verbieten, nach unseren eigenen Bedürfnissen zu forschen? Und das zu artikulieren, sagt sie: Da seid ihr gefragt. Übrigens, was die Diskussion um Werte betreffe: Sie habe sich überlegt, daß es eigentlich nicht um Werte gehe, sondern um einfache, verbindliche Normen. Wie man sich verhält. Was man tut, und was man nicht tut. Was sich gehört und was nicht. Wenn das wieder allgemein gelten würde, wäre manches gewonnen.

Gut. Aber das wird ein neuer Abend, demnächst.

Es ist spät geworden. Manche müssen noch in Nachbardörfer fahren. Ich raffe meine Papiere zusammen, getröstet, merke ich, aber wodurch? Nichts Besonderes ist geschehen oder entdeckt worden, ein ganz normaler Abend unter Freunden, über Alltägliches ist gesprochen worden, über einfache Tätigkeiten, die den Grund legen für menschliches Zusammenleben. Glaube ich, daß ein Wunder geschehen wird, wie die Seghers damals, als sie zu ihrer Freude sieht, daß die Glasfenster von Sainte-Chapelle in Paris, die im Krieg entfernt worden waren, wieder eingesetzt werden, in ungewohntem Überschwang hofft: »Ein Wunder wird das zweite Jahrtausend beschließen: Glasfenster, vor denen die Kugeln weichen.« – Das wohl nicht, denke ich, die Kugeln weichen nicht, nicht vor Glasfenstern, nicht vor Menschen, wir erleben es jeden Tag. Aber ein Abend wie dieser erneuert, woran ich festhalten will: Den Glauben an Irdisches.

2006

»Mitleidend bleibt das ewige Herz doch fest«

Zum achtzigsten Geburtstag von Heinrich Böll

Heinrich Böll hatte keine Scheu vor altmodischen Wörtern. Er hätte wohl Wörter wie »redlich«, »rechtschaffen«, »unbestechlich« nicht zurückgewiesen, die mir in den Sinn kamen, nachdem ich seine letzten Arbeiten in dem Band »Die Fähigkeit zu trauern« gelesen hatte. Er, der achtungsvoll von seinem Vater, dem Tischler, sprach, würde es nicht als Geringschätzung auffassen, mit Eigenschaftswörtern belegt zu werden, die in alten Zeiten zur Kennzeichnung ehrbarer deutscher Handwerker dienten; auch ein Wort wie »anständig« würde er, glaube ich, nicht als Beleidigung empfinden, obwohl oder gerade weil es inzwischen aus dem sogenannten »öffentlichen Diskurs« verschwunden ist, eliminiert, ausgemerzt wurde, durch ein sehr wirksames Mittel: Man machte es lächerlich.

Heinrich Böll hatte etwas übrig für fallengelassene Worte, für Abfall überhaupt, für die abfällig Behandelten, für fallengelassene Menschen. Für gefallene Soldaten, denen er, weil er es schlimmer weiß, das euphemistische Beiwort »gefallen« allerdings entzieht (»fallen, Erika, das ist schreien und fluchen, manchmal auch beten«), auch für gefallene Mädchen hatte er etwas übrig. Sie alle lebten und leben, wie er schrieb: »Vom Rand der Gesellschaft her« – wohin nach schwer durchschaubaren Gesetzen der Abfall abgedrängt, abgeschoben, entsorgt wird: Was für Assoziationen solche Wörter heute hervortreiben! Wo der Abfall aber auch genau geprüft und, wenn noch brauchbar, nicht weggeworfen, sondern aufgehoben, benutzt, weiter- und wiederverwertet wird. Die Generation, der Heinrich Böll angehörte, war erfahren in

Abfallverwertung; auch wir, meine Altersgenossen, sind es noch: trockenes Brot können wir nicht wegwerfen.

Hat eigentlich irgendein anderer Schriftsteller mit dem Wort »Brot« so viel anfangen können wie Böll? Aus seinen frühen Erzählungen schlägt es einem entgegen: BROT!, der Heißhunger, der die Menschen im Nachkriegsköln zur Brotbeschaffung treibt, um jeden Preis, die Art und Weise, dieses Brot dann zu essen, es zu brechen, als eine beinahe heilige Handlung, als Sakrament. Und, in seltenen, genau beschriebenen Fällen, es zu teilen. Brot als Maßstab für Moral, der war hart und untrüglich, und ob es der allerschlechteste war – ich bezweifle es. Als Maß für Anstand – von diesem Wort ging ich ja aus.

Dann fing ein anderes Maß an zu gelten, setzte sich immer mehr durch, Böll hat es mit seismographischer Empfindlichkeit registriert: »Hast du was, dann bist du was«, 1961, nachdem er dieses Schlagwort in einer populären Fernsehsendung zum erstenmal gehört hatte, verfolgte er es mit detektivischem Spürsinn in Zeitungen, Zeitschriften hinein, in öffentliche Verlautbarungen aller Art, hat es nackt angetroffen und in seinen vielfältigen Verkleidungen entlarvt, und schließlich ist es ihm, zu seiner Bestürzung, selbst in der Heiligen Messe begegnet, im Fastenbrief des Kölner Erzbischofs, der die Gläubigen doch tatsächlich auffordert, »durch Erwerb von Anteileigentum, ... durch Beteiligung am Investmenttrust und ähnliches Eigentum zu erwerben«. Eine solche »breite Eigentumsstreuung«, zitiert Heinrich Böll einigermaßen fassungslos den »Oberhirten, der wohl wissen muß, was er tut«, »würde... die Arbeiterschaft und überhaupt die minderbemittelten Volkskreise gesellschaftlich heben und in das Volksganze eingliedern«. Wie? Man müsse also Arbeiter und überhaupt Minderbemittelte ins Volksganze eingliedern über Besitz? fragt Böll sarkastisch. Armut gelte also nichts mehr, der Arme sei ausgegliedert? Solle man also dem Franz von Assisi, der »mit der Armut vermählt war«, vielleicht ein

»posthum entdecktes Aktienpaket in den Nachlaß schmuggeln«?

Warum eigentlich nicht. Heute, sechsunddreißig Jahre später, wird kaum noch jemand die Empörung dieses Autors verstehen, der sich sowieso dadurch unbeliebt machte, daß er immer alles wörtlich nehmen mußte. Heute haben auch die Leute in den neuen Bundesländern die Worte »Anteilseigner« und »Investmenttrust« zumindest schon gehört, ich kann mir satirische Anmerkungen des Zeitkritikers Böll dazu vorstellen. 1961 schrieb er bitter: »Überlassen wir die heute lebenden Habenichtse, die keine Aussicht haben, kanonisiert zu werden, getrost den Kommunisten« – die hat er aber, da, wo sie an der Macht waren (ob sie sich da noch zu Recht »Kommunisten« nannten, sei hier ausgeklammert), durchaus nicht als angemessene Begleiter für in Armut geratene Schichten der Bevölkerung gesehen: Er hat auch sie mit seinem kritischen Urteil nicht verschont. In seinem frühen Aufsatz über Karl Marx schreibt er: »Wie in der westlichen Welt ... Verbrauch das neue Opium ist (des Opiums scheint man irgendwie zu bedürfen, um das, was Marx anstrebte, Bewußtsein, zu verhüten), so ist in der östlichen Welt der ›Marxismus‹ selbst zum Opium geworden.« Immer wieder allerdings wendet er sich gegen den »platten Antikommunismus«, der es erreicht hat, daß bis in unsere Zeit hinein das Wort »Kommunist« bei vielen Westdeutschen Horrorvisionen auslöst. Leidenschaftlich polemisiert er in den achtziger Jahren, während der Raketendebatte, als endlich in West *und* Ost Friedensbewegungen entstanden, gegen den »mörderischen Slogan«: Lieber tot als rot.

Ja, schwer widerstehe ich der Versuchung, diesen Vortrag als eine Collage von Böll-Zitaten anzulegen, die, chronologisch gelesen, lückenlos belegen würden, welche Widersprüche in seiner Gesellschaft einen linken Demokraten wie Heinrich Böll auf den Plan rufen und ihn Jahr für Jahr polemisieren lassen – gegen die Etablierung der altneuen Machtverhältnisse, gegen restaurative Tendenzen, die Aushöhlung des Freiheitsbegriffs. Eine mutige Stimme, die furchtlos Tabus verletzt – wo hören wir sie heute noch?

Auf meinem Schreibtisch liegt der Zeitungsstapel mit den mehr oder weniger hämischen Kommentaren, den mehr oder weniger selbstgefälligen Vorbehalten und Angriffen auf die Rede, die Günter Grass jüngst in der Paulskirche hielt, und, ich traue meinen Augen nicht: Bei Böll finde ich einen Leserbrief an den »Spiegel«, im Mai 1984 publiziert, in dem er Grass gegen die Verunglimpfung durch einen »Spiegel«-Redakteur verteidigt: »Nur weiter so: Schießt sie alle ab, einzeln oder reihenweise, diese publicitysüchtigen Intellektuellen, die sich da noch – keine Anführungszeichen bitte! engagieren: für Nicaragua, gegen die Wende, für Polen, die Dissidenten in allen Weltgegenden, gegen den neuerlichen Wendestaatsstreich, der da heißt: Amnestiegesetz. Nur weiter so: alle abschießen, dann haben die Wendegeschütze endlich freies Schußfeld ...«

Wie schade, daß niemand in den letzten Wochen auf die Idee gekommen ist, diesen Text als neuen Beitrag in die Debatte zu werfen – bis in die Wortwahl hinein hätte er ja hochaktuell gewirkt. Nur daß 1984 von einer anderen »Wende« die Rede ist als von der letzten, 1989 – wir im Osten, in unsere eigenen Probleme verwickelt, haben nicht genug begriffen, ein wie tiefer Einschnitt die politische Wende Anfang der achtziger Jahre für viele Intellektuelle in der Bundesrepublik war. Die Versteinerungen, in denen die östlichen Systeme steckten, schienen unauflösbar. Wir haben uns wohl gegenseitig kaum in die Situation der je anderen versetzen können. Die Folgen dieser Unkenntnis und Fremdheit wirken lange nach. Während ich mich durch Heinrich Bölls Schriften an der westdeutschen Zeit, an der Geschichte meiner Kolleginnen und Kollegen in Westdeutschland entlanglese, spüre ich, wie von dieser Entfremdung wieder etwas wegschmilzt.

Selbstverständlich kann und will ich mich nicht nachträglich an Heinrich Bölls Kritik, an sein Leiden an seiner politischen Wirklichkeit anhängen, und wie unangebracht jeder Hauch von Selbstgerechtigkeit wäre, ist mir wohl bewußt. Aber ich kann einfach nicht die Augen davor verschließen, wieviel von dem, was er vor langer Zeit kritisch, zornig, beschwörend geschrieben hat, heute noch oder heute wieder gültig ist wie am ersten Tag. Ich würde es kaum glauben, wenn ich es nicht schwarz auf weiß vor mir hätte, daß er im Mai 1985 – es war einer seiner letzten Texte – in einer »Ungehaltenen Rede vor dem Deutschen Bundestag« folgende Sätze schrieb: »Vergessen Sie die Arbeitslosen nicht, und überdenken Sie einmal die Möglichkeit, daß 35 Stunden Arbeit pro Woche *zuviel* sind. Es wird keine andere Lösung dieses Problems geben, wenn Sie nicht einen Weg der Arbeits*verteilung* finden. Arbeit verteilen, zuteilen, so, wie in Notzeiten Brot zugeteilt wird.... Bedenken Sie das, wo doch immer deutlicher wird, daß Aufschwung nicht Senkung der Arbeitslosigkeit bedeutet.« Das verkünden jetzt, wie eine brandneue Erkenntnis, die Prognosen für das nächste Jahr.

Die Zahl der Arbeitslosen hat sich, seit Böll sich Sorgen über sie machte, mehr als verdoppelt. Von seiner Kühnheit angesteckt, wage ich den Vorschlag, aus Anlaß von Heinrich Bölls 80. Geburtstag diese ungehaltene Rede im Deutschen Bundestag zu verlesen – vielleicht je einen längeren Abschnitt von je einem Vertreter jeder Fraktion und Gruppe – und danach eine Pause stillen Nachdenkens anzuberaumen: über Asylgesetzgebung, Solidarbeitrag, Lauschangriff, Steuergesetze. Und vor allem: über den Zusammenhang zwischen Massenarbeitslosigkeit und der Gefährdung der Grundlagen der Demokratie.

Heinrich Böll wurde von seinen Lesern in der DDR verehrt; seine Bücher, die zögernd und in ungenügenden Auflagen erschienen, und besonders die, welche nicht erschienen, wurden von Hand zu Hand weitergegeben. Aber es war ja nicht nur die literarische Wirkung, die übrigens auch in der

Sowjetunion enorm war – es war die Wohltat, es mit einem integren Menschen zu tun zu haben. Für manche Autoren, für mich jedenfalls, war seine Art, über Anfechtungen und Anfeindungen hin sich selbst treu zu bleiben, auch eine Orientierungshilfe, er wurde mir zu einer provozierenden Instanz in Gewissensfragen. Einige Male habe ich über solche Fragen mit ihm sprechen können, einmal war Lew Kopelew dabei, ein gemeinsamer Freund. Um wenige Menschen habe ich so getrauert wie um Heinrich Böll, und als ich jetzt seine Bücher wieder las, ist das Verlustgefühl noch einmal sehr heftig geworden, stark die Anziehungskraft seiner geistigen Welt.

Aber es gab auch höchst ungeistige Wirkungen, durch seine suggestiven Schilderungen sinnlicher Genüsse. Er hat es ja öfter bedauert, wie wenig in der deutschen Literatur *gegessen* wird. Nun, als ich »Gruppenbild mit Dame« wieder las, mußte ich auf einmal frühstücken wie Leni: Zwei »knakkige« Brötchen, heißen, starken Kaffee – obwohl ich sonst Tee bevorzuge – und dunkles Brot. Mußte mir, wie der junge Fähmel in »Billard um halbzehn«, Quark mit einem Fingerhut Paprika anrühren. Nur der Intensität von Bölls Raucherschilderungen, die einen Nichtraucher leicht verführen könnten, habe ich mich erfolgreich erwehrt.

Von Brot sprach ich schon. Den Mangel – an Brot, an Zigaretten, an Kaffee, Tee, an einem Dach über dem Kopf, an Wärme –, diesen Mangel der frühen Jahre hat Böll nie vergessen können, und er hat genau beobachtet, wie aus den unterschiedlichen Arten, mit diesem Mangel fertig zu werden, ihn womöglich in Überfluß zu verwandeln, nach dem Krieg die unterschiedlichen Lebensläufe seiner Landsleute sich entwickelten. Er hat diesen Mangel und seine nie verblassende Erinnerung daran zu seinem Reichtum als Erzähler gemacht: Eine Gesellschaft, die sich nicht erinnere, sei krank. Alles mögliche hat man ihm schon nach den ersten Prosaarbeiten vorgeworfen: Er schreibe »Trümmerliteratur«, »Waschküchenliteratur«, »Versehrtenliteratur«. Alles Wasser auf seine Mühlen. (»Wenn Sie je in der peinlichen Lage gewesen sind, etwas, was abfällig gemeint war, als Schmeichelei zu empfinden ...«)

Wie Heinrich Böll den Vorwurf der »Gesinnungsästhetik« aufgenommen hätte, der in den Wendejahren – jetzt meine ich die nach 1989 – vom Feuilleton der großen Zeitungen auch gegen ihn erhoben wurde, kann ich nicht wissen, nur ahnen. »Gesinnung gibt es immer gratis«, hat er einmal, vor dreiunddreißig Jahren, einen Artikel überschrieben. Warum nur, mußte ich mich fragen, lesen diejenigen, die es opportun finden, in einem alten literarischen Feldzug ein neues Scharmützel anzuzetteln, nicht wenigstens nach, was vor ihnen dazu geschrieben wurde! Bölls Aufsatz – natürlich ein Plädoyer gegen »bloße Gesinnungsliteratur«, die ja niemals zur Debatte stand – bringt die Demagogie der meisten Verächter der »Gesinnungsästhetik« auf den Punkt: »... und überall gibt es die Zeigefingerschwenker, Leute, die empört, beunruhigt, verzweifelt die Hände ringen, wenn etwas, das ihrer Gesinnung nicht paßt, sich als formal glänzend und somit gefährlich erweist; die Form spannt den Geist des Menschen, der Inhalt das Herz und die Nerven.« Diese »Zeigefingerschwenker« habe ich in der DDR gut gekannt, manchmal schwenkten sie auch ein Zensurdekret; ich denke, Schriftsteller haben sich immer und überall zu wehren gegen die Zumutungen der Zeitgeistästhetik; heute, wenn ich nicht irre, am ehesten gegen die Propagierung jenes fröhlichen Nihilismus, der in der Postpostmoderne an die Stelle von »Gesinnung« lanciert wird. Dieses »perfektadrette Nichts« – wie unermüdlich hat Böll es immer wieder benannt und verspottet, später: das »etablierte Nichts«, das die Gesellschaft von innen her aushöhlt, dessen Symptome Leerlauf, Stockung, Lähmung, mörderische Langeweile, Habgier, inhaltloses Machtstreben sind; Heinrich Böll beschreibt, wie es sie befällt, die Repräsentanten der Parteien, der Wirtschaft, der

Kirchen; wie die Empfindsamen unter ihnen es beklagen, wie sie darunter leiden – ein Mechanismus, der sie allmählich, unaufhaltsam zermahlt, nur einige Unverdauliche ausspeit: an den Rand, in die Leistungsverweigerung, die Frauen in die Nervenklinik. Und manche Junge in den sinnlos zerstörerischen »bewaffneten Kampf«.

»Sympathisant« hat man Böll dafür beschimpft, daß er nicht nur die »Zeichen an der Wand« frühzeitig zu lesen verstand, sondern den Gründen nachging, die hinter den Erscheinungen stecken. Als einen dieser Gründe erkennt er die Ursachen, die in die Vergangenheit zurückreichen, jenes schwarze Loch des Verschweigens, Verdrängens, Vergessens. 1960 schrieb Heinrich Böll, es zeige sich, »daß unsere Vergangenheit sich immer weiter von dem Punkt entfernt, wo sie hätte bewältigt werden können«. Die Figuren vieler seiner Bücher tragen das Gift dieser Vergangenheit, das nie wirklich ausgeschieden wurde, in ihre Umgebung, in ihre Familie, in die nächste Generation hinein. Es ist, glaube ich, an der Zeit, auch und gerade in der Literatur zu fragen, welche Formen und welche Folgen die je unterschiedliche Auseinandersetzung mit dem Nationalsozialismus in den beiden deutschen Staaten hatte und wie diese Folgen in das vereinigte Deutschland hineinwirken.

Oft habe ich jetzt, da der Zeitraum, in dem Heinrich Böll lebte, Geschichte ist, seinen Prognosen Respekt zollen müssen, seiner Hellsichtigkeit, die ihn selbstverständlich nicht vor dem grotesken – mir übrigens bekannten – Vorwurf schützt, er habe »mit der Entwicklung nicht Schritt gehalten«. Das hat er, beinahe hätte ich gesagt: freudig, zugegeben, hat freimütig eingestanden, daß seine Bücher, würde man sie im Ausland etwa den offiziellen und offiziösen Kommuniqués staatlicher Stellen entgegenhalten, ein anderes Land schildern als jene Verlautbarungen. »Es ist ja weder Zufall noch die böse Absicht zersetzender Intellektueller«, schreibt er, »... daß sich die Bundesrepublik in der erzählenden Literatur, in der Lyrik und in der Publizistik anders darstellt, als es den Presse- und Wirtschaftsattachés angenehm ist. Die Politiker sollten sich nicht grämen, sich schon gar nicht beklagen. Sie sollten sich fragen, warum es denn keinen einzigen Nachkriegsroman gibt, in dem sich die Bundesrepublik als blühendes, fröhliches Land dargestellt findet ... Offenbar gibt es Hindernisse, die weit tiefer liegen, als oberflächliche politische Gekränktheit vermuten könnte. Ein trauriges Land, aber ohne Trauer: es hat seine Trauer delegiert, über die Grenze nach Osten geschoben ...«

Der Osten, muß ich hinzufügen, hat diese Gabe nicht angenommen, hat sie mit allen Anzeichen der Empörung über die Grenze nach Westen zurückgeschoben, und er hat »seinen« Autoren die gleiche berühmt-berüchtigte Frage gestellt: Wo bleibt das Positive? Heinrich Böll hat sich, sooft er konnte, in der DDR umgesehen, er hat ihre Probleme, glaube ich, gekannt, aber die Prozesse, die zu ihrem Zusammenbruch und zur Vereinigung führten, hat er nicht mehr erlebt. Seine nachdenkliche, behutsame, ja seine gerechte Stimme hat sehr gefehlt, und sie fehlt weiter – auch in dem mühsamen Verständigungsprozeß der Intellektuellen.

Böll lesend, kommt es mir so vor, als hätten wir, Ost- und Westautoren, uns nach der Vereinigung wieder etwas zuschieben lassen, nämlich die säuberlich verfehlte Teilung in positiv West und negativ Ost, und als hätten wir, indem wir dieses Maß annahmen – ob zustimmend oder ablehnend –, die Chance verpaßt, uns gegenseitig mit den wichtigen Erfahrungen in dem je anderen deutschen Staat vertraut zu machen; darunter mit unseren Anstrengungen, die Gesellschaft zu humanisieren, mit der Enttäuschung über die Vergeblichkeit dieser Anstrengungen und den Gründen für diese Fehlschläge, mit unserer Einsicht in Versäumnisse, Irrtümer, Illusionen, unserer Trauer über den Verlust von Werten, materiellen und ideellen, über Irrtümer, Irrwege, schwer auflösbare Verhärtungen, die die Spaltung auch in uns selbst erzeugt hat. Und wenn wir nach dieser Selbstprüfung, anstatt den sogenannten einfachen Bürgern, unseren Lesern, ein Beispiel von Uneinsichtigkeit zu geben, dazu kämen, uns jener schmerzhaften Frage auszusetzen, die Heinrich Böll sich und den Seinen sehr früh gestellt hat: Was ist aus uns geworden? Was haben wir aus uns machen lassen?; wenn wir es fertigbrächten, Selbstmitleid und Zynismus, Rechtfertigungsdrang und Rechthaberei einfach fallenzulassen, wenn wir aufhören könnten, an den marginalen Streitbrocken herumzuzerren, die die Feuilletons uns mit Bedacht hinwerfen, so den Wettlauf um die fettesten Brocken anfeuernd, an dem wir uns doch nie beteiligen wollten – dann, ja, dann könnten wir vielleicht statt dessen unsere scheinbar vergeblichen Erfahrungen ernst und wichtig nehmen, den Mut finden, zu ihnen zu stehen. Und dann könnten wir womöglich unser wahres Interesse erkennen, die Solidarität mit den Verlierern jenes ungeheuren Umverteilungsprozesses nämlich, der in diesen Jahren unter dem Vorwand ökonomischer Zwänge unser Leben und unsere Werteskala von Grund auf in Frage stellt. Wenn uns das gelänge, hätten wir wohl etwas von dem Vermächtnis angenommen, das Böll uns hinterlassen hat.

Ein sehr langer Absatz im Konjunktiv. Möglichkeitsform, Wunschform, Zweifelsform. Unverantwortlich wäre es, den Indikativ auf den Sankt-Nimmerleins-Tag zu verschieben.

Ich muß noch einmal zu den Anfängen zurück. 1945 mag der Mehrheit der Deutschen, wenn ich es recht überlege, an einer »Stunde Null« gelegen haben. In Westdeutschland, dann der Bundesrepublik, konnten die herrschenden Schichten diesem Bedürfnis eher nachgeben als in der DDR, wo der Bevölkerung in den ersten Jahren rigoroser die Rechnung präsentiert wurde für ihr Verhalten in den zwölf braunen Jahren, und zwar von Gegnern des Nationalsozialismus, die aus KZs und aus der Emigration zurückkehrten. Daß sie, soweit sie Funktionäre wurden, ihre Macht dann wiederum in einem diktatorischen System ausübten und mißbrauchten, muß man mir nicht erzählen. Damals, in den Nachkriegsjahren, waren sie – wie auch der Exilant Willy Brandt – als »vaterlandslose Gesellen« vielen Deutschen fremder und unheimlicher als ein Hans Globke.

Nach diesem historischen Exkurs, den ich hier nicht weiter ausführen kann, bin ich wieder bei den Romanen und Erzählungen von Heinrich Böll. Er hat seinen Figuren strikt die Selbsttäuschung einer »Stunde Null« verweigert. Bis in seinen letzten Roman der achtziger Jahre hinein, »Frauen vor Flußlandschaft«, sind die Protagonisten der älteren Generation geprägt von den Traumata der Kriegszeit, andere haben ihr Leben dem Zwang unterworfen, ihre Beteiligung an Vergehen oder Untaten zu vertuschen, wegzudrücken, sich selbst vergessen zu machen. Wenn irgendwo in der westdeutschen Literatur der Nachkriegszeit, dann finden sich bei Heinrich Böll alle Stadien dieses oft lautlosen, unsichtbaren Korrosionsprozesses aufgezeichnet, die Haarrisse in den Ehen, die Sprachunmächtigkeit zwischen Eltern und Kindern, zwischen Liebenden, zwischen Freunden, Kollegen – Risse, die sich im Laufe von Jahren, Jahrzehnten verbreitern, aufklaffen, zu Abgründen zwischen Menschen werden, zu Unglück und Zusammenbruch führen bei äußerlich steil aufsteigenden Karrieren.

Während ich Heinrich Bölls Erzählungen und Romane in chronologischer Reihenfolge wieder las, nicht wenige Titel darunter, die sprichwörtlich geworden sind – von »Der Engel schwieg« über »Wo warst du, Adam?«, »Haus ohne Hüter«, »Das Brot der frühen Jahre«, »Billard um halbzehn«, »Ansichten eines Clowns«, »Entfernung von der Truppe«, »Gruppenbild mit Dame«, »Die verlorene Ehre der Katharina Blum«, um nur die bekanntesten zu nennen –, während dieser Lektüre zog vor meinem inneren Auge ein langer Zug von Figuren vorbei, Männer und Frauen, Junge und Alte, vom Minister bis zum plebejisch-anarchischen Leistungsverweigerer, darunter nicht wenige, die einander von Buch zu

Buch eine Art Stafettenstab weiterzureichen versuchen. Junge Männer, die in den Krieg gehen und wissen, daß sie sterben werden, Heimkehrer, Überlebende in den Trümmerstädten, schweigsam, verschlossen, illusionslos, grüblerisch, viele von ihnen gläubig, alle nicht fähig, sich anzupassen. Fremd im Nachkriegsdeutschland, obwohl ich kaum zögern würde, sie »typisch deutsch« zu nennen – in der rheinländischen Variante. Ein Grundtypus, der später Fähmel heißen wird, Hans Schnier, Fritz Tolm oder Karl Kreyl – Außenseiter oder überfordert von der Last eines Aufstiegs, den sie so nicht gewollt haben: eine Stafette von Leuten, die nicht als erste durchs Ziel gehen wollen. Bei vielen Kritikern sind sie nicht gut angekommen, auch die Frauen nicht, deren Männer, Geliebte im Krieg »gefallen« sind, die ihre Kinder durchbringen mit Hilfe verschiedener »Onkels«, Frauen, die an der Seite ihrer aufsteigenden Männer verkümmern, oder zusammenbrechen, in Sanatorien enden; oder die starken sinnlichen Frauen, wie Leni Pfeiffer, geborene Gruyten, und Katharina Blum, die den Journalisten erschießt, der ihr die Ehre genommen hat. Was ist gegen sie einzuwenden?

Es gibt sie nicht, lese ich. So nicht. Böll sei, das gilt ja als Schimpfwort, ein »Moralist«. Horribile dictu: Ich glaube, er ist es tatsächlich. Er nimmt sich die Freiheit, seine Gestalten aus ihrem moralischen Kern heraus zu entwickeln und leben zu lassen, und stößt dabei auf den Widerspruch dieser Art von Lebendigkeit, nach der jeder sich sehnt, zu den gesellschaftlichen Normen und Klischees. Diesen Widerspruch spitzt er, wie sein Beruf es verlangt, gehörig zu, indem er seine Figuren in Umstände versetzt, die nicht jeden Tag vorkommen, die vielleicht überhaupt nicht vorkommen: damit sie so richtig zeigen können, wes Geistes Kind sie sind. Ja, Phantasie hat dieser Erzähler, ein Phantast – was das Wort »Moralist« im Deutschen mit unterstellt – ist er nicht. Ich habe sogar den Verdacht, daß eine Utopie hinter seinem Werk steht und daß sie es ist, die ihm diese Einheitlichkeit und Unverwechselbarkeit gibt – ein inneres Bild von Menschen in einer Gesellschaft, die sich nicht selbst zerstört. Eine Utopie, gewiß – aber ein Utopist ist Böll nicht.

Wenn schon eine Kategorie sein muß, will ich ihn einen handfesten Realisten nennen. Aber was ist für ihn »Realität«, »Wirklichkeit«? Er ist nicht müde geworden, darüber nachzudenken. »Offenbar stellen sich Leser, sogar Kritiker manchmal vor, ein Autor hätte Wirklichkeit wie in einer Regentonne vor dem Haus stehen und er brauche nur hinauszugehen, um daraus zu schöpfen«, meint er. Realien – ja, die braucht der Autor, manchmal auch penible Recherchen. Aus Bölls frühen Büchern kann man den Schwarzmarktpreis für Brot und für Zigaretten erfahren, in seinen späteren die Hotelpreise – unglaublich niedrig, übrigens! –, die ebenfalls unvorstellbar geringen Stundenlöhne, eines Klempners zum Beispiel. Einmal beschreibt er, welche Mühe es gekostet hat, für »Gruppenbild mit Dame« herauszufinden, was eine Hilfsarbeiterin in einer Friedhofsgärtnerei im Krieg verdient hat und wie hoch oder vielmehr wie schandbar niedrig die Rationen waren, die sowjetische Kriegsgefangene in Deutschland an die Grenze des Verhungerns, oft in den Tod trieben. Auch hat er sich genau erkundigt, wie ein Grabkranz fachgerecht hergestellt wird. Dies alles sind, keine Frage, Realitäten, die man aus der Regentonne vor dem Haus schöpfen kann, wenn man für »Regentonne« Büchereien, Archive, alle möglichen Arten von Auskunftstellen, auch Zeugen und andere Informanten setzt. Realitäten sind auch: politische Systeme, Parteien, Kirchen, Häuser, Städte, Landschaften, die natürlich in den Büchern auch und gerade Heinrich Bölls »vorkommen«, die ihr Netzwerk bilden, ihre Anschaulichkeit ausmachen, Atmosphäre herstellen, Orte und Gelegenheiten, in denen die Figuren agieren, sich entfalten können. Stoff, Material – »Die Wirklichkeit« des Kunstwerks sind sie nicht.

»Ein Autor nimmt nicht Wirklichkeit«, sagt Böll. »Er hat

sie, schafft sie, und die komplizierte Dämonie eines vergleichsweise realistischen Romans besteht darin, daß es ganz und gar unwichtig ist, was an Wirklichem in ihn hineingeraten, in ihm verarbeitet, zusammengesetzt, verwandelt sein mag.« Aber was ist dann wichtig in Bölls »Ästhetik des Humanen«, wenn »die bloße Inhaltsangabe ein Unrecht« ist? Welche Alchemie bewirkt denn die geheimnisvolle »Verwandlung« des Stoffes, auf der er so beharrlich besteht?

Ich scheue davor zurück, das Wort zu verwenden, das mir auf der Zunge liegt, mache eine Pause, blättere noch einmal in Bölls Aufsätzen, Reden, Kritiken und stoße doch tatsächlich auf das Wort, das ich ohne diesen Beleg ungern gebraucht hätte: Reibung. »Die Dichter, auch wenn sie sich scheinbar in der Unverbindlichkeit ästhetischer Räume bewegen, kennen den Punkt, wo die größte Reibung zwischen dem einzelnen und der Geschichte stattfindet...« Hier auf Wolfgang Borchert gemünzt, doch aus eigener Erfahrung und Betroffenheit heraus formuliert. Heinrich Böll hat den »Punkt« gekannt. Er war, als Mann der Aufklärung, als Deutscher, als gläubiger Mensch, in diesem Jahrhundert in Konflikte gestellt, die man eine Dauerreibung wohl nennen kann; es ist ja kein Zufall, kein Versehen, kein Mißverständnis, daß er immer wieder zum Objekt von öffentlichen Angriffen bis hin zu Rufmordkampagnen wurde: Er hat sich das durch die Unverblümtheit seiner Äußerungen, durch seine scharfen Diagnosen jeweils redlich verdient. *Dieser* Reibung hätte er doch manchmal ausweichen können, verletzbar und verletzt, wie er oft war (»Wir dickfellig-dünnhäutigen Dulder«). Er tat es nicht, auch und gerade in seinen Erzählungen und Romanen nicht, die er nicht von seinen publizistischen Arbeiten getrennt sehen will, die immer radikaler, immer zorniger werden und dadurch anzeigen, bis auf welchen Grad die innere Reibung sich verstärkt. Die übrigens – man muß wohl auch dieses Selbstverständliche aussprechen – ohne eine starke Bindung nie so intensiv sein könnte. »Von einer von Vorurteilen bestimmten zu einer aufgeklärten Gesellschaft« – so hat Heinrich Böll es selbst ausgedrückt. Daran mitzuwirken, fühlte er sich in die Pflicht genommen.

Den inneren Kampf zwischen seiner Religiosität und der Institution Kirche trägt er mit einem tiefen Ernst aus, so daß dieser schmerzliche Ablösungsprozeß zum Paradigma werden kann für andere der zahlreichen Ablösungsprozesse von Institutionen in dieser Zeit. Die existentielle Frage – ein Wort, das ich beinahe nie sonst verwende –, welche Bindungen uns, den sogenannten modernen Menschen, denn noch bleiben, ob und wie wir uns denn einbinden könnten in eine Gemeinschaft, die nicht hauptsächlich auf Gelderwerb und technischen Fortschritt aus wäre – diese Frage steht hinter Bölls Büchern und formt – welche Inhalte sie immer darbieten mögen – ihre »Wirklichkeit«.

Heinrich Böll hat die Zumutung immer zurückgewiesen, »Gewissen der Nation« zu sein: Es ist dies ja nur die Kehrseite des Bedürfnisses, ihn von Fall zu Fall zum Sündenbock der Nation zu machen. Alles, was er geschrieben hat, kann man unter einen Satz seiner Frankfurter Poetikvorlesungen stellen: »Auf der Suche nach einer bewohnbaren Sprache in einem bewohnbaren Land.« Ein Land sei bewohnt und bewohnbar, wenn man Heimweh nach ihm empfinden könne. Gerade heute las ich in der Zeitung, das Cottbuser Theater habe Fragebögen an seine Besucher verteilt, im Foyer ausgehängt. Zusammenfassend wird berichtet: »Viele Leute finden gut, was passiert, aber sie möchten nicht sein, wo sie sind.« Was bedeutet das. Geht es weiter, dieses »Nicht-wohnen-Können der Deutschen«, wie Böll es nennt, wie er es an Kleist, Stifter, den Romantikern beobachtet? Und was ist mit Hölderlin, Büchner, was mit den ausgetriebenen deutschen Dichtern dieses Jahrhunderts? Und was mit den Figuren in Bölls letztem, traurigstem und »untröstlichstem« Buch, die sich nicht mehr zu Hause fühlen, weg möchten, weg aus Bonn, auswandern aus Deutschland, aber nicht wissen, wohin. Und zur gleichen Zeit die unzähligen Gespräche in der DDR: Weg hier, aber wohin?

Wir sind in Berlin. Nie hätte Heinrich Böll es sich träumen lassen, daß wir uns seiner einmal in Ostberlin, in diesem Haus erinnern würden, welches einst Palais des Preußischen Finanzministeriums war, jetzt »Palais am Festungsgraben« heißt, sich vor sieben Jahren noch »Zentrales Haus der deutsch-sowjetischen Freundschaft« nannte, woran heute noch die Wolkenstores und der Samowar erinnern. Ich zweifle, daß diese folkloristischen Accessoires wesentlich dazu beitragen können, was an jener Freundschaft echt war, aufrechtzuerhalten und zu pflegen. Heinrich Böll hat ja, um Freundschaft mit Russen, Tschechen, Polen zu schließen, kein »zentrales Haus« gebraucht (obwohl sein Haus eine zentrale Anlaufstelle für bedrängte Freunde aus östlichen Ländern war) – er hat nur seine Aufgeschlossenheit für andere Lebensformen und Kulturen gebraucht, und allerdings seine schier unerschöpfliche, ihn manchmal vielleicht doch erschöpfende Hilfsbereitschaft.

Bleiben wir in Berlin. »Wo ist denn nun die Hauptstadt der Deutschen?« fragt Böll herausfordernd – lange, sehr lange ehe irgend jemand damit rechnen konnte, daß Berlin je wieder in diesen Rang aufrücken würde. »Ich kann nur feststellen, daß Berlin nicht mehr als fünfzehn Jahre lang die Hauptstadt eines demokratischen Deutschlands gewesen ist – eine Periode des Traums und des Taumels.« Raabe und Fontane, Döblin und Benjamin hätten Berlin nicht zu einer literarischen Realität machen können, die mit der von London und Paris, mit der Petersburgs oder Moskaus zu vergleichen wäre. Und in der Tat, dem geteilten Nachkriegsberlin fehlt ein Autor, wie er Köln in Heinrich Böll geschenkt wurde. Das »liege an der Politisierung der Stadt, des Wortes Berlin«; so Böll 1964. 1997 steigen »traumhafte«, »utopische«, »surrealistische« Architekturinseln aus der eher nüchternen Berliner Stadtlandschaft auf. Ob sie das Heimatgefühl der Bewohner dieser Stadt stärken werden? Ob sie und riesige steinerne Denkmäler unsere Trauer, unseren Schmerz, unsere Scham über die Ermordung von über 55 000 jüdischen Bürgern dieser Stadt, ob sie unsere Fähigkeit, künftig vertrauensvoll miteinander zu leben, vertiefen werden? Ob sie den neuen Berlinern, die aus Bonn demnächst in die Stadt kommen, helfen werden, die – nach Böll – in den Rheinlanden nicht unbegründet verbreitete Ansicht von der »kalten Heimat Preußen« zu korrigieren? Ob sie Nachbarschaft stiften können – »Humanes, Soziales, Gebundenes« –, alles so wichtige Anliegen Heinrich Bölls?

Wollen wir es hoffen. Karoline von Günderrode, aus dem Rheinland gebürtig wie Heinrich Böll, hat gesagt: »Wenn wir zu hoffen aufhören, kommt, was wir befürchten, bestimmt.« Das ist nun bald zweihundert Jahre her. Der Atem der Hoffnung zieht, manchmal beinahe erstickt, durch die Jahrhunderte. Nicht eine bläßliche, schwächliche, tatenarme Hoffnung meine ich. Ich meine jene unersättliche, ununterdrückbare, brüllende Hoffnung, von der Böll schreibt: »Die Hoffnung ist wie ein wildes Tier.« Sie habe ich in Heinrich Bölls Lebensfreude, die sein ganzes Werk trägt, in seinem Humor, seiner Menschenliebe und in seiner Unerbittlichkeit gespürt.

Wie ich diesen Text enden wollte, wußte ich von Anfang an: Mit einer Hölderlinzeile, die der Architekt Fähmel in dem mir liebsten Buch von Heinrich Böll, »Billard um halbzehn«, mehrmals zitiert: »Mitleidend bleibt das ewige Herz doch fest.« Wir, mein Mann und ich, suchten lange nach dieser Zeile, konnten sie nicht finden. Victor Böll half mit einem Hinweis auf die Hymne »Wie wenn am Feiertage«, doch fand sich das gesuchte Zitat in der Beißnerschen Ausgabe der Werke Hölderlins in sehr anderer Form. Nun, dachte ich, Böll wird es sich umgedichtet haben, und wollte es diskret auf sich beruhen lassen. Endlich griffen wir noch nach der Hellingrathschen Ausgabe von 1943. Da wurde klar: nach ihr hatte Heinrich Böll zitiert. »Und tieferschüttert, eines Gottes Leiden / Mitleidend, bleibt das ewige Herz doch fest.« Das paßt, dachte ich.

Und doch hat Heinrich Böll dieses Zitat noch einmal verändert: 1984, als er es seiner Laudatio für Rupert Neudeck voranstellte. Da heißt es denn: »Mitleidend bleibt das *menschliche* Herz doch fest.«

Dabei wollen wir es bewenden lassen.

1997

Im Widerspruch

Zum hundertsten Geburtstag von Anna Seghers

Anna Seghers wird also hundert. Das heißt: Sie wird es nicht, sie starb, als sie zweiundachtzig war. Wir Nachgeborenen machen uns ein Bild von der Hundertjährigen. Richtiger: Unterschiedliche Nachgeborene machen sich unterschiedliche, einander widerstreitende Bilder. Neue, zum Teil überraschende Funde und Veröffentlichungen aus ihrem Nachlaß: eine sehr frühe Erzählung, Briefe und, besonders unerwartet, Tagebuchaufzeichnungen aus den zwanziger Jahren, vertiefen die Kenntnisse über sie, die es vermieden hat, aus Gründen, die in ihrer Zeit und in ihren Lebensumständen, aber wohl auch in ihr selbst lagen, viel über sich preiszugeben. Das Werk sollte wirken, nicht die Person. Heute gelesen, offenbaren nun bestimmte Passagen aus ihren Arbeiten der letzten Jahrzehnte bisher kaum gesehene Zusammenhänge mit ihrer Biographie. Am Ende hatte sie auf Fotos ein erschrockenes Gesicht, das mich an das Selbstbildnis des alten Rembrandt erinnert, an den Ausdruck derer, die vieles, vielleicht zu vieles gesehen, durchschaut, erlebt und überlebt haben. Die wissen: Kein zufälliges Unglück ist ihnen zugestoßen. Es war alles so gemeint.

Gegen diese Rede habe ich mich gewehrt: Über Anna Seghers hätte ich alles gesagt, was ich wisse. Was ich noch nicht gesagt hatte, wollte ich nicht sagen; es gebe dafür noch nicht das richtige Publikum, meinte ich. Aber hat es für sie denn zeitlebens das »richtige« Publikum gegeben? War nicht auch in der übermäßigen Verehrung, die ihr in der DDR von ihren Lesern entgegengebracht wurde, ein gut Teil – oder ein schlecht Teil – Verkennung, zu schweigen von der bis zur Gehässigkeit gehenden Ablehnung, die sie immer wieder von anderer Seite auf sich zog, bis heute auf sich zieht? Und wäre dies: »Verkennung«, nicht überhaupt ein Motto, das man über ihr Leben und über ihr Nachleben setzen könnte?

Lassen Sie mich Ihnen ein paar Begebenheiten erzählen, die ich miterlebt habe und die, zu Anekdoten geronnen, doch manches Bezeichnende zu erkennen geben.

Einmal, das muß 1954 gewesen sein, war eine Gruppe von Schriftstellern aus der DDR zu einem Schriftstellerkongreß in Moskau. Anna Seghers war dabei, ich war als Korrespondentin der Zeitschrift »Neue deutsche Literatur« mitgeschickt worden. Mittags mußten wir im Speiseraum des Hotels meistens auf Anna Seghers warten, die gerne lange in der Stadt unterwegs war. Als sie einmal wieder später gekommen war und schweigend, in Gedanken vertieft, ihre Suppe löffelte, blickte sie plötzlich auf. Meint ihr, fragte sie uns, der Marx hat gewußt, wie viele Blusen diese östlichen Völker brauchen? – Sie hatte gerade im GUM den Ansturm der Käuferinnen auf eine neue Lieferung von Blusen erlebt. – Na und, Anna? *Wenn* er es gewußt hätte, hätte das irgend etwas bei Marx geändert? – Nein, da hast du wohl recht. Sicher nicht. – Sie wirkte nicht überzeugt.

Jahre später, Mitte der sechziger Jahre, rief Walter Ulbricht eine Reihe von Schriftstellern zu einem Treffen in das noch ziemlich neue Staatsratsgebäude. In seiner einleitenden Rede verlangte er, was er gerne tat, die Literatur müsse größere Anstrengungen unternehmen, um den Vorsprung der sozialistischen Gesellschaft vor der Kunst aufzuholen. Er steigerte sich zu der Forderung: Wir brauchen eine sozialistische Klassik. Wir brauchen einen sozialistischen »Egmont«, und wir brauchen einen sozialistischen »Faust«. Anna Seghers, die links neben dem Staatsratsvorsitzenden am Präsidiumstisch saß, blickte, die Augen, wie so oft, kurzsichtig zusammengekniffen, zu ihm auf und sagte, ihn unterbrechend, in mainzischem Tonfall: Jaaa, Genosse Ulbricht – mit dem Egmont, das mag ja noch angehn. Aber was machen wir denn beim

Faust mit dem Mephisto? – Überraschungspause. Dann Ulbricht: Nun, Genossin Anna, die Frage Mephisto werden wir auch noch lösen. – Das schallende Gelächter der Versammlung schrieb er sich gut. Wagner hatte gesprochen, der »trokkene Schleicher«, unangreifbar in seiner Selbstzufriedenheit.

Ob Marx seine Theorie geändert hätte, wenn er gewußt hätte, wie viele Blusen diese östlichen Völker brauchen, das weiß ich nicht; er hatte diese Theorie schließlich nicht für die Verwirklichung in einem unterentwickelten Land mit Mangelwirtschaft gedacht. Die »Frage Mephisto« jedenfalls haben wir nicht »gelöst«, sie wurde offiziell gar nicht erst gestellt. Der Zusammenhang zwischen »Faust« und »Mephisto«, zwei Seiten eines uns Menschen, also auch der Gesellschaft innewohnenden unverzichtbaren Widerspruchs, wurde zerrissen, das produktive Element des kritischen, skeptischen, in Niedergangszeiten zynischen Geistes negiert. Der große Schlußmonolog des alten blinden Faust – »Solch ein Gewimmel möcht ich sehn, auf freiem Grund mit freiem Volke stehen« –, den er in grotesker Selbsttäuschung vor seinem eignen Grab hält, das die Lemuren für ihn schaufeln, wurde in den Schulen der DDR als visionäre Vorwegnahme der Bodenreform durch Goethe gelesen. (Auf der Universität allerdings, das kann ich bezeugen, wurde uns durch Germanisten, die aus der Emigration zurückgekommen waren, ein hochdifferenziertes, im übrigen Deutschland so noch nicht entwickeltes Bild der deutschen Klassik vermittelt.)

In jener Veranstaltung hatte der unerschütterliche Pragmatiker, dem zweckmäßiges, platt positives Denken in Fleisch und Blut übergegangen war (die »engen Stirnen«, sagte Brecht, »hinter denen der Frieden wohnt«), zu der Fragenden, Nachdenkenden, womöglich Zweifelnden gesprochen: Wenige Jahre zuvor war Anna Seghers in Moskauer Archiven den Spuren des Teufels in Dostojewskis Romanen nachgegangen – Romane, die sie in ihrer Jugend als eine »aufwühlende Lektüre« erlebt hatte; die »Brüder Karamasow«

hätten sie »am meisten erregt, vielleicht unter allen Romanen, die ich jemals gelesen hatte«. »Es ist kein Zufall«, schreibt sie, »wenn ein Schriftsteller in seiner Jugend oder in späteren Perioden seines Lebens sich berührt fühlt durch das Werk eines anderen Schriftstellers, der Situationen gekannt und schriftstellerisch gestaltet hat, die den von ihm selbst durchlebten Situationen gleichen.« Welche »Situationen« denn? Sie meint doch Dostojewski, sie meint dessen Affinität zu Schiller, sie meint die Gestaltung des Großinquisitors im »Don Carlos« und in den »Brüdern Karamasow«. Uns überläßt sie es, über den Nicht-Zufall nachzudenken, daß sich ihr, »im Älterwerden« gleichsam, »die Wirkung verjüngt, die beide Autoren auf« sie »hatten«. Was ist es, das sie, Anna Seghers, zu Beginn der sechziger Jahre so intensiv fragen läßt nach den Spuren Napoleons im Werk der großen russischen Dichter – Napoleons, der sich der Französischen Revolution bemächtigt hatte und nach der Devise handelte: Alles ist erlaubt! Was berührt sie so stark am Schicksal Dostojewskis, der, durch furchtbare Erlebnisse gezähmt, sich »der Zarengesellschaft gefügt« hat und seinen »rebellischen, im täglichen Leben verleugneten Teil« »selbständig macht, dämonisiert als Teufel«? Übrigens eine hochmoderne Interpretation, der die Psychoanalyse wohl beipflichten würde. In dem Gespräch des Iwan Karamasow mit dem Teufel, schreibt sie, »liegt ausgeprägt der Widerspruch, der das Ich des Dichters zerspaltet«. Dostojewski lasse den Teufel Gedanken aussprechen, die »revolutionär« sein könnten und »die bestehende schlechte Weltordnung verhöhnen«, aber das ertrage der Dichter nicht, er »verneint darum den Geist der Verneinung, und er läßt ihn eine Folgerung ziehen, die nie revolutionär ist, sondern ihr Gegenteil: eine napoleonische Folgerung . . .: Alles ist erlaubt – um so schnell wie möglich den gepriesenen Zustand herbeizuführen.« Woran denkt da, an welchen »gepriesenen Zustand«, die deutsche Schriftstellerin, die in der DDR lebt?

Soweit ich sehe, hat Anna Seghers ihrerseits in ihrem Werk

das Adjektiv »teuflisch« nur auf Menschen und Vorgänge in der Hitlerzeit angewendet. Im März 1979 schrieb sie mir eine Deutung der Grundfabel meines Buches »Kindheitsmuster«, die zwar von mir so nicht gesehen wurde, aber bedeutsam ist für den Blick von Anna Seghers auf diesen Stoff: »Was in diesem Roman steht, ist doch längst in den Sagen und Märchen aller Völker enthalten: Ein braver Mann, der sich plagen muß von morgens bis abends, verspricht dem Teufel (der natürlich nicht gleich erkannt wird), falls er sein Leben erleichtert, das erste, was am Abend nach der Heimkehr aus seinem Haus hüpft. Dieses erste war bisher immer sein Hündchen. Aber an diesem Abend springt ihm nicht sein Hündchen entgegen, sondern sein Töchterlein Nelly. Dem braven Mann wird der Wunsch seines Lebens erfüllt. Er ist nicht mehr arbeitslos. Er bekommt ein Spezereigeschäft. Dafür muß der brave Mann seine Tochter Nelly dem ›Bund deutscher Mädchen‹ überlassen.«

Als ich Anfang 1968 zum ersten Mal über den Dostojewski-Essay der Anna Seghers schrieb, schon damals stark angerührt – auch wiederum nicht zufällig –, konnte ich zwar ahnen, wie stark Dostojewskis Konflikt sie selbst betraf, aber doch nicht so deutlich erkennen, wie viele Schichten ihrer eigenen politischen und dichterischen Erfahrung sie hier in Bewegung bringt, auf dem Schiff von Brasilien nach Europa, schreibend für ihre zurückbleibenden Freunde Jorge und Celia Amado, nach einer Reise, »die voller Wunder war« einer Art Wunder, die sie in dem Teil der Welt, in dem sie inzwischen lebt, oft sehnsuchtsvoll vermißt. Auf dem polnischen Schiff fährt sie vorbei an den Küsten der ehemals spanischen Conquista, wo ungebrochen die katholischen Kirchen stehen – steinerne Zeugen dessen, daß der Großinquisitor im Poem des Iwan Karamasow recht gehabt hat: Der Zweck heiligt die Mittel. Dostojewski habe sich nie »von der quälenden Unruhe befreien können«, schreibt Anna Seghers ihren Freunden, die »dadurch entstanden« war, »daß ... die

Zarengesellschaft sein eigenes Schicksal entscheidend beeinflußte. Das war der Konflikt seines Daseins, den er nicht lösen konnte... Wofür er sich in seiner Jugend eingesetzt hatte, wofür er verurteilt und bis zum Tode beaufsichtigt wurde, das hat er abgeleugnet, um leben zu können als Dichter.« Dostojewski habe das »furchtbare Paradox nicht fassen« können: »daß diese Widersprüche unerträglich und unlösbar zugleich sind, das heißt, nur aufzuheben durch die Revolution«. – Anna Seghers will glauben, daß die Lösung in den Zahlen auf dem »Vorhang des Großen Theaters in Moskau in goldenen Buchstaben steht: 1905 und 1917«. Das ist ein Satz der Selbstversicherung, auch der Selbstbeschwichtigung. Hat er ihr wirklich die »Unruhe« nehmen können, die für sie »in ihrem Thema« steckte? Müssen nicht gerade diese »goldenen Buchstaben«, welche die Revolutionsjahre eher begraben, als daß sie ihren Geist wachhalten, sie aufs höchste beunruhigen? – In der Moskauer Inszenierung, die Anna Seghers gesehen hat, waren der Großinquisitor und der Teufel bezeichnenderweise einfach »verschwunden«, die »Frage Mephisto« wurde auch hier gar nicht erst gestellt. Anna Seghers, die Kollegin des großen russischen Romanschreibers, tröstet sich mit der »Stärke der Fabel« und deren Wirkung. Doch fragt sie sich: »Kann der Teufel, nach Dostojewski und nach Thomas Mann, noch einmal glaubhaft dargestellt werden, als Widerspiegelung eines grauenhaft verlockenden Zweifels, der heute Menschen verwirrt?« Dahinter steht, glaube ich, die Frage: *Muß* er noch einmal dargestellt werden?

Er konnte, er mußte. Anna Seghers hat Michail Bulgakows Roman »Der Meister und Margarita« damals nicht kennen können, er erschien erst in den späten sechziger Jahren in der DDR, nachdem er in der Sowjetunion jahrzehntelang nicht hatte erscheinen dürfen. Bulgakows Teufel Voland mit seinem zweifelhaften Gefolge bedient die unterdrückten Triebe, Sehnsüchte und Wünsche der Moskauer zur Zeit der NÖP (Neue Ökonomische Politik), als alle, vom hohen

Funktionär bis zum letzten Hausmeister, von der Gier nach Geld, Besitz und Macht und von der Devise beherrscht waren: Der Zweck heiligt die Mittel. Nicht durch »grauenhaft verlockenden Zweifel« »verwirrt« dieser Teufel die Menschen, sondern dadurch, daß er »das Böse« in den meisten weckt, ihre entgleisten spießerhaften Bedürfnisse scheinbar befriedigt, in einigen aber den Mut zu sich selbst zum Durchbruch bringt. Die »Frage Mephisto« war noch keineswegs erledigt.

Einmal zitiert Anna Seghers in ihrem Dostojewski-Essay den Marquis Posa aus Schillers »Don Carlos«: »Sagen Sie dem Prinzen, daß er für die Träume seiner Jugend soll Achtung tragen, wenn er ein Mann sein wird!« Und am Ende des nächsten Absatzes schreibt sie: »Er (Schiller) wird erfahren, daß es gar nicht so einfach ist, Achtung zu haben vor den Träumen seiner Jugend, in der deutschen Misere...« Hier müßte ich aufhören, um diesen Satz zu einer Selbstaussage der Seghers zu machen, doch fährt sie fort: »... wenn man ein Mann sein wird, lungenkrank, Familienvater mit ein paar Kindern.«

Und wenn man eine Frau ist, mit siebenundvierzig zurückkehrend aus vierzehnjährigem Exil, von den eigenen Landsleuten verfolgt gewesen, oft in Lebensgefahr gebracht, mit mexikanischer Staatsbürgerschaft, in ein Land, das ihr todfremd geworden ist. In ihre Heimatstadt Mainz, der sie in ihren Büchern ein unvergängliches Denkmal gesetzt hat, die jetzt in Trümmern liegt. Aus der ihre Mutter 1943 mit den noch übrigen Mainzer Jüdinnen und Juden deportiert wurde in ein Lager in Polen, wo sie umgekommen ist; sie, die Tochter, hat sie nicht retten können, sie hat niemals darüber gesprochen. Den Schock dieser Heimkehr formuliert sie nur in Briefen an Freunde im Ausland: »Ich hatte mir gar nichts vorgestellt und ich war traurig. Ich war traurig, weil meine Sprache deutsch ist. Weil ich in dieser Kultur und Sprache groß wurde.« Sie ist »ganz allein«, wie vielleicht noch nie in ihrem

Leben. Ihr Mann bleibt noch für Jahre in Mexiko, bei einer anderen Frau, ihre Kinder studieren in Paris. Sie muß erfahren, daß ihr engster Freund, Philipp Schaeffer, den sie verzweifelt sucht, der im Widerstand bei der Gruppe Schulze-Boysen war, gegen Ende des Krieges von den Nazis »guillotiniert« wurde. Ein weiterer unaussprechlicher Schmerz. – »Jetzt habe ich dieses verhexte Land von einem Ende zum anderen durchreist«, schreibt sie einer Freundin im September 1947. »Überall dasselbe: Angst vor dem Winter, Angst vor noch größerem Hunger, den sie ohne Zweifel überall haben. Und dabei in mir selbst ...: daß sie selbst daran schuld sind und um keinen Preis einen Zusammenhang verstehen wollen. Und die Angst und der Hunger machen sie noch deformierter, noch härter und schlechter, wie man es sich garnicht vorstellen kann, denn schließlich ist einem ja Land und Volk nicht fremd.« Oft bittet sie die Empfänger der Briefe, für sich zu behalten, was sie in diesem »Land der kalten Herzen« erfährt. Sie ist die erste nicht, in unserer Literatur gibt es eine lange Reihe ähnlicher Aussagen deutscher Schriftsteller. In jenem Jahr wird Anna Seghers nicht der Sinn gestanden haben nach literarischen Vergleichen. Sie schreibt: »Wenn ich überhaupt einen Augenblick Zeit zum Nachdenken habe und allein bin, dann fühle ich mich verwaist. Ich bin gar nicht mehr lustig, wie ich früher war. ... Ich habe nur schreckliche Sehnsucht danach, wieder einmal lustig zu sein und über Quatsch zu lachen.« Sie befindet sich in einer »großen Dunkelheit«. Der »Hitlerfaschismus« habe »furchtbare Wunden geschlagen. Er hat nicht nur die alten Städte zertrümmert, er hat auch die Gesinnung der Menschen, ihre moralischen und intellektuellen Werte bis zu einem Grad vernichtet, den man sich draußen trotz aller Phantasie schwer vorstellen kann. ... Der Hitlerismus ist noch längst nicht gestürzt.«

Daß alle diese Menschen, mit ihrem eigenen Schicksal vollkommen beschäftigt, zwar sehr viel Selbstmitleid, aber nicht einen Funken Mitgefühl oder auch nur Interesse aufbrachten für diejenigen, die sie vertrieben, deportiert, ermordet hatten, erwähnt sie nicht. Diese Erfahrung vom Mangel an schlichter Menschlichkeit reißt eine Wunde, die sich nicht schließen will, die offen bleibt, auch wenn diejenigen, denen sie zugefügt wurde, nicht mehr leben. Wann immer dieser Mangel wieder hervortritt, bricht die Wunde auf – wie wir es gerade in diesen Tagen wieder erleben. – Als Schriftstellerin ist Anna Seghers damals im Nachkriegsdeutschland vollkommen unbekannt. Wem hätte sie erzählen sollen, welch ein »unstillbares Leid« ihr die Austreibung aus Europa bereitet hat, 1941 von Marseille, die sie doch selbst mit aller Kraft betreiben mußte, um sich und ihre Familie vor ihren uniformierten Landsleuten zu retten – wie sie es in »Transit« beschreibt. Kein »Siebtes Kreuz«, kein »Ausflug der toten Mädchen« war irgendeinem dieser nun selbst ins Elend geratenen Deutschen bis dahin in die Hände gekommen. Oft fühlt sie sich wie eine »Marsbewohnerin«, von einem menschenfreundlicheren Stern kommend, gelandet auf einem verwüsteten Planeten. »Man kann nicht ewig keep smiling«, schreibt sie im Oktober 1947 an Helene Weigel. »Die haben es leichter, die ein großes Reich hinter sich haben und ganz getrost auf Dinge bauen, die in dreißig oder hundertdreißig Jahren eintreten können, wenn man alles richtig macht. Sie haben es leichter zu vergessen, daß sie mal zwischendurch persönlich gestorben sind.« – Wer sich über das gestörte Selbstgefühl der Deutschen wundert, sollte bei ihren verfolgten, emigrierten, ausgegrenzten, beschimpften, vergessenen Schriftstellern nachfragen.

Darüber später kein Wort mehr. Anna Seghers hat ihre Gefühle fest am Zügel gehalten, sie hat sich entschieden dazubleiben, unter diesen Menschen, weil man »diese Sache nicht sich selbst überlassen kann, daß etwas geschieht oder nicht geschieht in der Richtung, in der man selbst handelt oder nicht handelt«. Ein heroischer Entschluß. Sie versucht sich Mut zuzusprechen. »Von allem Schweren abgesehen, gibt es doch viel, woran man spürt, daß eine neue Welt aufgebaut wird. Es ist gar kein leichtes Leben, auch für mich nicht«, schreibt sie im November 1947 aus Paris an eine Freundin in Schweden. »Ich liebe die Menschen dort nicht genug, um sie ganz zu verstehen. Aber ich habe irgendwie kapiert, daß man durch all den Dreck durchmuß und daß es nicht so wichtig ist, ob die Menschen widerlich und gemein sind. Das schließt aber nicht aus, daß ich manchmal ganz erschöpft bin.« Sie richtet ihren Blick auf die Jugend, die ihr »mehr Anlaß zu Vertrauen und Zuversicht zu geben« scheint »als die Väter. Sie ist wißbegierig und aufnahmefähig. Wir müssen scharf darauf achten, daß ihr die Faschisten nicht wieder ›Ersatz‹ liefern ...«

»Ich liebe die Menschen dort nicht genug« – das schreibt sie nur einmal, und es schneidet ins Herz. Ich bin mir nicht sicher, ob sie die Menschen, mit denen sie dann sechsunddreißig Jahre lebte, lieben gelernt hat. Ob sie das Mißtrauen gegen sie je ganz loswerden konnte. Das ist ja eine der Tragödien, die der deutsche Faschismus anrichtete: daß er eine tiefe, fast unüberbrückbare Kluft legte zwischen die große Mehrheit der Deutschen, die in seinem Machtbereich blieben und sich zumindest einrichteten, und denen, die Deutschland verlassen mußten und deren politische und moralische Ansichten keinen Einfluß mehr hatten auf ihre Landsleute; die aber nun, soweit sie zurückkamen, als Lehrende, als Mahnende vor ihnen, vor uns standen. Man kannte einander nicht, man liebte einander nicht.

Ich habe so ausführlich aus dem kleinen Briefband der Anna Seghers über das Jahr 1947 zitiert – der leider vorläufig keine Fortsetzung finden wird –, um begreiflich zu machen: Wir können uns die deutschen Verhältnisse nach dem Krieg für eine Schriftstellerin, Jüdin und Kommunistin wie Anna Seghers nicht unglücklich genug denken. Sie hat diese Lebenskrise mit einem Entschluß zugunsten jener Menschen beendet, die sich, um das mindeste zu sagen, nichts aus ihr machten. Scharf war ihr bewußt, daß sie, auch mit ihren Büchern, aufklären, das Denken ihrer Leser verändern mußte; daß sie zu erziehen hatte. Sie nahm den pädagogischen Auftrag an. Wie sollte die erschütternde, aufwühlende Erfahrung dieses Anfangs nicht in allem, was sie seitdem gedacht, getan, unterlassen und geschrieben hat, ihre Spuren hinterlassen? Wie sollte sie nicht, nachdem sie kaum ein anderes Gefühl durchdringender erfahren und erlitten haben mag als das der Entwurzelung, jeden noch so winzigen Beweis, noch so geringe Anzeichen tiefgreifender Veränderungen in ihrem Teil des inzwischen geteilten Landes begierig aufgreifen? Wie sollte sie nicht die Hoffnung, daß eine Gesellschaft – eine »neue Welt« – sich entwickeln könnte, die den »Träumen ihrer Jugend« näherkam und auch ihr wieder Wurzeln, eine Zusammengehörigkeit geben würde, heftig verteidigen, immer in der Angst, dieses Stück »andere Deutschland« könnte wieder verlorengehen? Sie hat einen Preis dafür gezahlt. Sie ist ihrem »Lied auf die Kehle getreten«. Wenn auch, die Einschränkung ist geboten, nur bis zu einem gewissen Grad. Ich glaube, nicht in ihren umfangreichen Nachkriegsromanen, in denen sie chronikartig große Geschichtspanoramen ausbreitet, sondern in Erzählungen und Essays hat sie deutliche Spuren ihrer Lebenskrisen und ihrer konfliktreichen Selbstauseinandersetzung hinterlassen.

»Das Ungelebte ist schwer zu verstehen«, hat Anna Seghers einmal gesagt – besonders schwer für die nachwachsenden Generationen. Ja: Auch Anna Seghers hat, glaube ich, erfahren, daß es »in der deutschen Misere« »gar nicht so einfach ist, Achtung zu haben vor den Träumen seiner Jugend«. Träume, die sie in den zwanziger Jahren als Studentin in Heidelberg prägten, wo sie, nicht zuletzt durch ihren späteren Mann, den ungarischen Kommunisten László Radványi, hineingezogen wurde in den Kreis jener jungen Emigranten aus osteuropäischen Ländern, in denen die Revolutionen gescheitert und blutig niedergeschlagen waren. Sie trat ein in den Bund der »Gefährten«, den sie nicht mehr verlassen sollte, in eine revolutionäre Gemeinschaft, die nicht nur, und vielleich nicht einmal in erster Linie, gedankliche, politische Orientierung gibt, ihr »die Augen öffnete für den Klassenkampf«, sondern vor allem ihr tiefes Bedürfnis nach einem heißen, erfüllten Leben befriedigt, die sie herauslöst aus ihren »bläßlichen kleinbürgerlichen Sippen«, auch aus der jüdischen Tradition ihrer Familie, ein konfliktreicher Prozeß, wie wir heute aus Tagebüchern der Netty Reiling aus jener Zeit wissen. Die Bindung an diese Gefährten wurde für sie unlösbar – um so mehr, da in diese größere Bindung die persönliche, für sie ebenfalls unlösbare, eingeschlossen war: die an László Radvány, für den sie sich entscheidet und damit zugleich für »das schrecklich geliebte, andere Leben«. Radványi schrieb in dieser Zeit seine Dissertation über den Chiliasmus, das heißt, er setzt sich mit der Geschichte der religiös-chiliastischen revolutionären Bewegung auseinander und formuliert die Hoffnung seiner »chiliastisch fieberhaften, in jeder Weise menschlichere und freiere Lebensformen suchenden revolutionären Generation«: Im Bolschewismus könnten die Anfänge zu dieser angestrebten umfassenden Emanzipation, zu dem größeren »Neuen« liegen, das vielleicht Jahrhunderte brauchen würde, sich auszubilden.

László Radványi trat 1924 in die Kommunistische Partei Deutschlands ein, Netty Reiling-Radványi, Schriftstellername Anna Seghers, 1928 – eine für sie und übrigens für viele Intellektuelle jener Tage zwingende Folgerung aus ihrem eigenen Engagement und aus der politischen und wirtschaftlichen Krise, in welche die Weimarer Republik hineintrieb. Sie hat das Versprechen, das sie damit gab, nie widerrufen, sie hat es erneuert, als ihre Genossen im Nazireich verfolgt, gefoltert, getötet wurden – ein Widerstand, von dem heute nur selten noch die Rede ist. Im gleichen Jahr 1928 bekam sie den Kleist-Preis. Sie hatte zwei Kinder. Die Ziele ihres Lebens, seine glückhaften und seine verzweifelten Erfahrungen, seine lösbaren und unlösbaren Widersprüche, seine fruchtbaren und seine zerreißenden Konflikte waren abgesteckt.

Mit der Problematik des Scheiterns war Anna Seghers früh vertraut. Sie hat über das Scheitern der revolutionären Bewegung in Österreich geschrieben, das Scheitern des Kampfes gegen den aufkommenden Nationalsozialismus in Deutschland miterlebt. Sie hat später immer wieder durch Verrat und andere Umstände gescheiterte Revolutionen beschrieben. Sie sah: der revolutionäre, der »rote« Faden ist in der deutschen Geschichte immer dünn gewesen, oft gerissen. 1935 sagt die Fünfunddreißigjährige vor den Teilnehmern des Kongresses zur Verteidigung der Kultur in Paris: »Selten entstand in unserer Sprache ein dichterisches Gesamtbild der Gesellschaft. Große, oft erschreckende ... Einzelleistungen, immer war es, als zerschlüge sich die Sprache selbst an der gesellschaftlichen Mauer.« Sie zählt Beispiele auf: Hölderlin, Büchner, Kleist, die Günderrode ... »Diese deutschen Dichter schrieben Hymnen auf ihr Land, an dessen gesellschaftlicher Mauer sie ihre Stirnen wundrieben. Sie liebten gleichwohl ihr Land.« So spricht nur, wer auch über sich selbst spricht. Sie hat erlebt, daß die Deutschen in ihrer Mehrheit ihr Selbstverständnis aus der Abwehr des »rebellischen Teils« in sich beziehen, den diese Schriftsteller wachhielten, wodurch sie zu Außenseitern wurden. Sehr früh hat Anna Seghers ebendieses Scheitern rebellischer Menschen beschrieben, hat nach dem Zwiespalt in Menschen gefragt, der kein unangefochtenes Leben ermöglicht. – Was denkst du denn, sagte sie einmal zu mir, auch wir reden jeden Abend um zehn über Stalin.

»Unter falschen Brüdern« hat Heinrich Böll sie gesehen, der im übrigen ihr Buch »Transit« als eines der großen Bücher dieses Jahrhunderts würdigte. Ich habe über dieses Verdikt viel nachgedacht. Wer waren denn die Brüder und Schwestern, mit denen zusammen ich sie sah – im Gespräch, auf Versammlungen, bei Diskussionen, arbeitend. Ich weiß schon, wen Heinrich Böll meinte. Aber ich zähle jetzt einmal einige der anderen auf: F. C. Weiskopf, Grete Weiskopf, Bert Brecht, Helene Weigel, Paul Dessau, Wieland Herzfelde, Arnold Zweig, Johannes R. Becher, Erich Wendt, Bodo Uhse, Ludwig Renn, Jeanne und Kurt Stern, Wolfgang Langhoff, Willi Bredel, Jan Petersen, Berta Waterstradt, Steffi Spira, Stephan Hermlin, von denen die meisten, oft später als sie, aus der Emigration zurückgekommen waren, die kulturelle Atmosphäre in den frühen Jahren der DDR bestimmten und auch Anna Seghers endlich wieder ein Gefühl, unter Gefährten zu sein, vermittelt haben mögen. Da viele von ihnen Kommunisten waren (übrigens alles andere als eine homogene Gruppe), ist das heutige Deutschland an ihnen nicht interessiert. Wo aber hätte die Seghers damals bessere »Brüder«, wo denn die für sie »richtigen Brüder« treffen können? Im Adenauer-Deutschland, wo die Veröffentlichung ihrer Bücher nach dem Krieg einen Skandal auslöste? In der Heimatstadt Mainz, die jahrelang zögerte, ihr die Ehrenbürgerschaft zu verleihen? Anna Seghers hat den Teil Deutschlands gewählt – falls man das eine Wahl überhaupt nennen kann –, in dem sie wirken konnte, und zwar nützlich, förderlich, oft segensreich – das vergißt man jetzt oft in der Eile –, dabei nicht immer unanfechtbar, nicht frei von Irrtümern und Illusionen, selbst keineswegs unbehelligt. Das Arbeitspensum und die Verantwortung, die sie sich auflud, waren immens. Wer sich noch an die Atmosphäre jener Zeit erinnern kann, wird nicht leugnen, daß es für jemanden wie sie, mit ihrem Leben, ihren Bindungen, Situationen geben konnte, denen sie – nach ihren eigenen Maßstäben – nicht gerecht werden konnte. Sie hat öfter über Menschen geschrieben, die zwischen »zwei Pflichten« eingeklemmt sind, die »zuerst moralisch gleich bindend erscheinen« – die falschen Alternativen, die, wenn sie Menschen wie der Seghers aufgezwungen werden, signalisieren, daß in dieser Welt etwas von Grund auf nicht stimmt. Besonders diejenigen, die ihrerseits kaum dazu beitrugen, Zustände zu schaffen, in denen eine Anna Seghers unangefochten hätte leben können, warfen und werfen ihr das vor. Ich glaube nicht, daß moralische Werturteile, sehr beliebt bei der zeitgemäßen Abwesenheit historischen Denkens, der Lebensproblematik einer Anna Seghers gerecht werden können.

1976, im traurigen Monat November, hielt es die DDR-Regierung für angebracht, dem Liedermacher Wolf Biermann, der auf einer Veranstaltungsreise in der Bundesrepublik war, die Rückkehr in die DDR zu verbieten. Von Stephan Hermlin zusammengerufen, protestierten bekanntlich zunächst zwölf Schriftsteller der DDR gegen diese uns ungeheuerlich dünkende Ausbürgerung. Während Hermlin unseren Brief zur DDR-Nachrichtenagentur ADN und zur französischen Nachrichtenagentur trug, wurde ich beauftragt, Anna Seghers von unserem Schritt zu unterrichten. Sie war Präsidentin des Schriftstellerverbandes der DDR und sollte davon nicht durch die Medien erfahren. Sie war sehr erschrocken. Wir hätten diesen Protest nicht einer westlichen Agentur übergeben dürfen, wir wüßten wohl gar nicht, was wir da angerichtet hätten. Wir wüßten wohl nicht, was für uns daraus folgen werde. Das glaubten wir allerdings zu wissen. Ich sagte ihr, daß keine DDR-Zeitung, keine DDR-Nachrichtenagentur dieses Schreiben gedruckt hätte oder senden werde, daß es uns aber unverzichtbar war, unsere Meinung zu diesem unglaublichen Vorgang öffentlich kundzutun. Kann ich den Brief Rodi zeigen? fragte sie. Natürlich, sagte ich und telefonierte, während sie im Nebenzimmer war, nach dem Taxi. Rodi sei derselben Meinung wie sie; wir hätten da einen großen Fehler gemacht, aber das sei nicht mehr zu ändern. Beim Abschied sagte sie noch, ich solle doch bloß zu ihrem Geburtstag kommen, der wenige Tage später war, ich solle sie doch nicht mit diesen ganzen Schranzen allein lassen. Sie umarmte mich.

Als ich nachmittags zu ihrem Geburtstag kam, sagte mir ihre Tochter an der Tür: Die Mutter leidet wie ein Hund. –

Ich auch, sagte ich. – Wenn ich mich richtig erinnere, waren die Schranzen schon weg. Ich glaube, es waren noch die Abgesandten ihrer Heimatstadt Mainz da, deren Ehrenbürgerin sie nach längeren Auseinandersetzungen inzwischen geworden war und die sie seitdem zu jedem Geburtstag besuchten. Es blieben dann außer persönlichen Freunden die Delegierten des Röhrenwerks »Anna Seghers« am Rennsteig, die treulich jedes Jahr zu ihr kamen, ich glaube, es waren der Parteisekretär, eine Kollegin von der Gewerkschaftsleitung, jemand von der Betriebsleitung. Sie kamen nun endlich dazu, mir zu sagen, wie enttäuscht sie von mir seien, daß ich mich an dieser staatsfeindlichen Aktion beteiligt hätte. Sie waren die ersten, deren Enttäuschung ich ernst nahm, ich fing an, ihnen unsere Gründe zu erläutern; dabei ergab es sich, daß sie von ihren eigenen Erfahrungen erzählten: wie sie von den höheren Leitungen gegängelt würden; daß sie zum Beispiel eine sehr verdiente parteilose Arbeiterin zur Auszeichnung mit der Clara-Zetkin-Medaille vorgeschlagen hätten, aber »von oben« gezwungen worden seien, statt ihrer eine weit weniger verdiente Frau, die CDU-Mitglied sei, zu benennen: im Rahmen der Bündnispolitik der Partei. Ob sie denn glaubten, fragte ich sie, daß es veröffentlicht würde, wenn ich darüber und über ähnliche, grundsätzlichere Vorgänge schreiben würde. Sie lachten: Nein, natürlich nicht. Sie begannen zu verstehen, daß unsere »staatsfeindliche Aktion« vielleicht auch mit ihren eigenen Auseinandersetzungen etwas zu tun haben könnte. Wir schieden freundschaftlich. Anna Seghers war während unserer Diskussion nicht im Zimmer geblieben.

In den nächsten Tagen und Wochen, die angefüllt waren mit endlosen Auseinandersetzungen und Versammlungen, rief sie mich öfter an, meistens, um mir ihr Mißfallen immer wieder auszudrücken. Einmal sagte sie: Jetzt huppst du übern Graben. – Über welchen Graben, Anna? fragte ich sie. Sie legte auf. – Wenig später rief sie wieder an und ließ mir ausrichten, sie habe es nicht so gemeint, wir blieben doch auf alle Fälle Freunde. Sie litt, wie man leidet, wenn beide Seiten eines Widerspruchs gleich unerträglich sind.

Nach Wochen waren die wichtigsten Maßnahmen im Sinne der Partei getroffen, eine »Bereinigung« war erfolgt, die zur endgültigen Polarisierung der Künstler in der DDR führte und zum Weggang vieler. Es blieb als letztes, auch den Vorstand des Schriftstellerverbandes zu säubern. Alles war vorbereitet. Die Delinquenten, die partout nicht zu bewegen waren, dem uns immer wieder vorgebeteten Satz zuzustimmen: Es war ein Fehler!, sollten aus dem Vorstand ausgeschlossen werden. Wie üblich trat die Parteigruppe vorher zusammen, auch um uns die letzte Gelegenheit zu geben, Einsicht zu zeigen. Als dieser Versuch fehlschlug, wollte der Sekretär des Verbandes zur Abstimmung über unseren Ausschluß schreiten. Da meldete sich Anna Seghers. Etwas unwillig wurde ihr das Wort erteilt. Also Kinder, sagte sie, nun hört doch mal zu. Sie finde, sagte sie, es müsse auch mal genug sein. Wenn diese Leutchen nun partout nicht sagen wollten, daß sie was falsch gemacht haben, dann könne man das doch nicht immer und immer wieder aus ihnen herausholen wollen. Dann müsse man sie eben einfach mal in Ruhe lassen und sich endlich wieder mit anderen Dingen beschäftigen. – Blankes Entsetzen bei der Versammlungsleitung. Aber noch vorige Woche sei doch auch sie der Meinung gewesen ... Na und? sagte Anna Seghers. Soll man seine Meinung nicht ändern können? Auch die Pasionaria hat ihre Meinung geändert. Wenn die das kann, kann ich das auch. – Dolores Ibárruri, die »Pasionaria«, Vorsitzende der Kommunistischen Partei Spaniens, hatte sich gerade zum Eurokommunismus bekannt. – Die vorgesehenen Ausschlüsse kamen nicht zustande.

Im Jahr darauf wurde Anna Seghers schwer krank. Sie schrieb mir, nachdem es ihr etwas besser ging, aus dem Krankenhaus: »Ich habe, was ich überhaupt ganz selten tue, etwas von dir geträumt. Du bist im Schwimmanzug an einem mir fremden Strand herumgelaufen, und jemand hat mir erklärt, Du seiest nach Südafrika gegangen. – Ich dachte: Was tut sie denn ausgerechnet dort?« Ich antwortete ihr: »Nun, ich verstehe schon, wie solche Träume zustande kommen, aber ich werde sicherlich nicht an fremden Stränden sein, so schön ist's ja da nun auch wieder nicht.«

Sie, Anna Seghers, ist ja oft an fremden Stränden gewesen, freiwillig und mit Lust als Kind, später unfreiwillig dorthin verschlagen. Wie viele Seereisende, Transitäre, Schiffbrüchige hat sie beschrieben, solche aus alten Zeiten und gegenwärtige. Darunter manche, die ihr verwandt waren; die an den Träumen ihrer Jugend hingen, welche späterhin verblaßten. Haben wir die Botschaft im Gleichnis von Jason je wirklich verstanden: jener Argonaut, der einst unter Gefahr von Leib und Leben das Goldene Vlies aus Kolchis holte, das ihn »vor Zeit und Unbill schützt«, den jedoch das Schicksal »sich selbst überläßt«, so daß er weder an Götter noch an Menschen mehr glaubt, auch nicht an einen Weg mit einem Ziel. Die »Argo«, sein Schiff, besetzt mit den »kühnen Gefährten seiner Jugend«, ist ohne ihn weitergefahren. Jetzt hängt sie als vermoderter Schiffsrumpf in einem Baum, unter dem Jason, unendlich müde, sich niederlegt. Ein Sturm kommt auf. »Vielleicht hätte Jason doch noch aufspringen können. Er verschränkte aber die Arme unter dem Kopf. Der ganze Schiffsrumpf krachte über Jason zusammen. Der ging mit seinem Schiff zugrunde, wie es das Volk seit langem in Liedern und Märchen erzählte.«

2000

Ein Versuch über Nachbarschaft und Unvereinbarkeit

Anmerkungen zu Elisabeth Langgässer

Es gibt ein spätes, man muß wohl sagen – letztes – Foto von Elisabeth Langgässer, das sie über Kreuz durchgestrichen, ungültig gemacht hat; man sollte es nicht benutzen. Sie fand es »entstellend«; sie habe noch nie ein gräßlicheres Foto ›von sich in Händen gehabt‹. – Dieses Foto zeigt das abgehärmte, strenge/angestrengte Gesicht einer früh gealterten Frau. Ich vergleiche mit diesem letzten Bild Fotos der Dichterin als junger Frau, ein weiches, strahlendes und hingebendes Gesicht; etwas später schärfer konturierte Züge; mit offenem, selbstbewußtem Ausdruck blickt sie beinahe keck in die Kamera. Ich werde mich also bemühen, dieser Dichterin näherzukommen, die ich, ehe Sie mir zu meiner Überraschung den nach ihr benannten Preis zusprachen, fast nur dem Namen nach kannte (und so geht es, ich habe mich erkundigt, den meisten anderen, selbst literarisch Gebildeten, auch).

»Proserpina« stand in meinem Bücherregal, auch ein Bändchen der Fischer-Bibliothek unter dem Namen »Mithras«, in dem kürzere Prosatexte und Gedichte der Langgässer versammelt sind, darunter jenes Gedicht, aus dem ich die Anfangszeilen auswendig wußte: »Holde Anemone, Bist du wieder da / Und erscheinst mit heller Krone / Mir Geschundenem zum Lohne / Wie Nausikaa?« – Ich wußte sicherlich nicht, daß dieses Gedicht eine Reaktion der Elisabeth Langgässer auf die Nachricht war, ihre Tochter Cordelia habe Auschwitz überlebt. Erst als ich Cordelia Edwardsons Buch *Gebranntes Kind sucht das Feuer* gelesen hatte, verstand ich das Gedicht. Seitdem empfand ich eine Scheu vor dem Schicksal dieser beiden Frauen – Mutter und Tochter –, die sie für mich zu Unberührbaren machte. Es gibt, glaube ich, eine Art und einen Grad tragischer Verstrickung, über die zu reden, gar zu urteilen für Außenstehende tabu ist. Die Tochter selbst hat nach meiner Meinung das Nötige dazu gesagt – »Ich finde es unglaublich, daß immer wieder gefragt wird: ›Wie konnte Ihre Mutter nur?‹ Man versucht, die eigene Schuld auf andere Leute abzuschieben. Man fragt sich nicht: ›Wie konnten wir so ein System schaffen und zulassen, daß eine Mutter in einen so fürchterlichen Konflikt geriet.‹ Meine Mutter war ein Opfer.«

Die Grenze, hinter der »die Bestialitäten beginnen«, wie Elisabeth Langgässer es ausdrückt, die »sich nur die Phantasie Luzifers in Person ausdenken kann« – eine Metapher, die mir befremdlich ist. »In ihrem Weltbild war es möglich, Auschwitz in die Heilsgeschichte einzubauen«, sagt die Tochter. Die Weltgeschichte sieht die Langgässer als Heilsgeschichte, als Kampf zwischen Gott und Satan, »... das Wesen des Menschen durch Sünde und Gnade bestimmt, durch die gefallene Adamsnatur und die Erlösung durch Christus«. – Luise Rinser schreibt einmal, der Langgässer Werk enthalte »für Nichtkatholiken, für Rationalisten ... eine chiffrierte Botschaft ohne Schlüssel«. Dieser Satz ging mir oft durch den Kopf, während ich versuchte, sicherlich ohne den passenden Schlüssel, in ein Werk einzudringen, das mir, wie ich glaubte, wenig zu sagen hatte. Man wird diesem Text anmerken, wie ich mich um Verständnis bemühe; wie ich ein Thema umkreise, bis es sich mir als Generalthema darstellt; wie ich Funde zusammentrage, die überraschende Berührungspunkte dokumentieren mit einem Leben, einem Werk, einer Denkweise, die mir seit langem vertraut sind. Ich bin nämlich beim Lesen von Langgässer-Texten auf eine unerwartete Nachbarschaft gestoßen.

In ihrem ersten größeren Prosawerk, *Gang durch das Ried*, 1936, kurz vor ihrem Ausschluß aus der »Reichsschrifttumskammer« erschienen, beeindruckte mich ihre genaue Kenntnis der sozialen und ökonomischen Verhältnisse der bäuerlichen Bevölkerung in jener Region Rheinhessens, in der die Langgässer als junge Frau einige Jahre lang Lehrerin war. Niemand könnte weiter von der Gefahr entfernt sein als sie, ein »Milieuschriftsteller« zu werden; aber sie mußte eben in jeder Hinsicht Bescheid wissen über das, was sie beschrieb. Also nicht nur der Entfremdungs- und Wiederfindungsprozeß ihrer Figur, des Aladin, interessiert sie – auch die politischen Stimmungen und Zusammenschlüsse der Bauern, unter denen er lebt und die die Folgen des Krieges noch in ihren Köpfen und auf ihren Schultern schleppen. Wenn die jungen Burschen beisammenhocken, sagt der eine »Schlageter!«, und die »Männer ringsum entrollten heimliche Fahnen«. »Die Stimme drängte und sprach, daß man etwas riskieren müsse, ehe alles verloren sei.« Ein »geheimer Appell« im untersten Keller eines Gehöfts ist eindringlich geschildert, in jener Mischung von krassem Realismus und atmosphärischer Überhöhung, die so bezeichnend für die Langgässer wird und die genaue Beschreibung eines sozialen Milieus in den Rang von Dichtung hebt. Sätze sprangen mich an, die ich zu kennen meinte, lakonisch und zugleich von großer Tiefenschärfe, ganze Szenen, Abschnitte kamen mir bekannt vor, Personen tauchten auf, die ich nicht zum erstenmal zu sehen glaubte, bis mir klar wurde: Sie waren aus dem gleichen Boden herausgewachsen wie manche Figuren in den frühen Büchern von Anna Seghers, nur um einige Grad ins Verrückte, Unheimliche, Mystische gedreht. Ein erster noch flüchtiger Eindruck. Dann aber stieß ich auf Landschaftsschilderungen, die nun allerdings ganze Passagen aus Seghers-Büchern in mir aufriefen. Mit einem Schlag wurden mir die Parallelen in den Lebensläufen der beiden – Langgässer und Seghers – bewußt. Sie sind fast ein Jahrgang. Sie entstammen der gleichen Landschaft: Mainz–Alzey, ein Katzensprung, wo beide empfingen, was Seghers später den »Originaleindruck« nennen wird, und sie bleiben ihrem

Kindheits- und Jugendland verbunden, auch wenn sie beide zu unterschiedlichen Zeiten jahrelang in Berlin leben müssen, im fremden, ungeliebten Preußen. Das Heimweh haben sie nie verloren. 1942 schreibt Elisabeth Langgässer an einen Leser: »Denn wir sind ja aus Südwestdeutschland, genauer gesagt: aus Mainz und leben hier im Nordosten seit zwölf Jahren in der Verbannung. Oder ist das eine Erde, vielmehr ein bewohnbares Land, das nicht einen einzigen Schaufelstich antiken Boden, überhaupt Kulturboden in sich hat?« Wie sie es immer wieder, zum Beispiel im *Unauslöschlichen Siegel*, beschreibt: »... das Gewürz der Erde, pulvrig und stark, als ob ihm die römischen Weihgefäße auf Schritt und Tritt beigefügt wären; – und was man zu finden erwarten konnte, wären weniger Blumen und Vogelfedern, als Tonscherben, Knochen und Mauersteine: die Inschrift seiner Geschichte gleichsam. ... Diese Erde hier: sie beschönigte nichts, sondern sprach in der Nacktheit der rötlichen Hügel, in ihrem Dahinfluss, der nur durch die Lanzen der Rebstöcke aufgeteilt wurde, selbst noch das uralte mondene Meer der frühesten Zeitalter aus.«

Ich erlaube mir, daneben den ersten Abschnitt aus dem *Siebten Kreuz* von Anna Seghers zu stellen, das, in der französischen Emigration geschrieben, auch als Heimwehbuch gelten kann: »... diese Hügelkette war lange der Rand der Welt – jenseits begann die Wildnis, das unbekannte Land. Diese Hügel entlang zogen die Römer den Limes. ... Aber nicht den Adler und nicht das Kreuz hat die Stadt dort unten im Wappen behalten, sondern das keltische Sonnenrad, die Sonne, die Marnets Äpfel reift. Hier lagerten die Legionen und mit ihnen alle Götter der Welt, städtische und bäuerliche, Judengott und Christengott, Astarte und Isis, Mithras und Orpheus. ... Norden und Süden, Osten und Westen haben ineinandergebrodelt, aber das Land wurde nichts von alledem und behielt doch von allem etwas.«

Als diese beiden miteinander korrespondierenden Texte

geschrieben wurden – in der zweiten Hälfte der dreißiger Jahre –, hatte es die beiden Landsmänninnen, Generationsgenossinnen, die sich im Berlin der zwanziger Jahre hätten begegnen können, weit voneinander weggetrieben – nicht nur örtlich: Paris–Berlin. Sie hatten auf verschiedene, ja gegensätzliche politische und geistige Traditionslinien gesetzt. Ich frage mich, ob man nicht, ohne ihnen Gewalt anzutun, jede von ihnen durch die Spiegelung in der je anderen, auch durch die Konfrontation mit ihr in ein schärferes Licht rücken kann.

Die eine, Elisabeth Langgässer, ein knappes Jahr älter als die andere, hat einen jüdischen Vater, der vor der Heirat zum Katholizismus konvertiert ist, so daß jüdische Religion, jüdische Bräuche, das Judentum überhaupt in ihrer Familie keine Rolle spielen. Sie wird streng katholisch erzogen, die katholische Taufe bleibt ihr jenes *unauslöschliche Siegel*, das einen Menschen aus der Wildnis, der Barbarei heraushebt. Die andere, Anna Seghers, geborene Netty Reiling, Tochter alteingesessener, wohlhabender jüdischer Bürger in Mainz, erlebt traditionelle jüdische Bräuche an hohen jüdischen Feiertagen. Sie befreit sich aus der als Enge empfundenen kleinbürgerlichen Kindheitsumgebung während ihres Studiums in Heidelberg, nicht zuletzt durch die Begegnung mit aus Ungarn geflüchteten Revolutionären – darunter ihr späterer Mann László Radványi –, tritt aus der jüdischen Gemeinde aus und wird 1928 Mitglied der kommunistischen Partei, von da an auf ein Leben und auf ein literarisches Werk orientiert, dessen Ziel eine grundlegende gesellschaftliche Veränderung ist. Elisabeth Langgässer, auf Gelderwerb angewiesen, wird nach einer Ausbildung am Lehrerinnenseminar in Darmstadt Lehrerin in Griesheim, muß aber wenige Jahre später, da sie ein uneheliches Kind erwartet, aus ihrem Beruf ausscheiden und in den Schoß der Familie zurückkehren: Mutter und Bruder, die inzwischen nach Berlin umgezogen sind. Bravheit und Anpassung ist in beider Charakter nicht angelegt.

Die Seghers, als Kommunistin und Jüdin besonders gefährdet, flieht zu Beginn der Nazizeit mit ihren zwei Kindern aus Deutschland. Von Elisabeth Langgässer wird behauptet, sie habe am Anfang noch Hitler ihre Stimme gegeben. Ihr persönliches Schicksal und vor allem das ihrer Tochter Cordelia, die als »Dreivierteljüdin« den nationalsozialistischen Rassegesetzen schutzlos ausgeliefert ist, öffnen ihr die Augen über die Schändlichkeit des Staates, in dem sie lebt. Sie bleibt mit ihrem Mann und der immer größer werdenden Familie gleichwohl in Deutschland. Erst 1947 wird sie der Seghers persönlich begegnen, in den Trümmern des zerstörten Berlins.

In den Briefen von Elisabeth Langgässer – Zeugnisse einer leidenschaftlichen, von Widersprüchen zerrissenen, oft in widrigste Lebensumstände gestellten Frau, die ich mit größter Anteilnahme las und die viel zu meinem Verständnis für ihr Verhalten in ihrer Zeit beitrugen –, in diesen Briefen wird Anna Seghers zwölfmal erwähnt. Die erste Notiz ist vom 10. Januar 1933. Sie lese das »zauberhaft menschliche Buch der Larissa Reissner – tausendmal begabter als die Seghers und schon tot!«, was ja wohl voraussetzt, daß sie die Bücher der Anna Seghers gekannt hat, darunter vielleicht *Kopflohn*, das wie *Gang durch das Ried* unter Bauern in der Rhein-Main-Gegend spielt und die Eroberung der Dörfer durch die Nationalsozialisten unmittelbar vor der Machtübernahme schildert. Fast anderthalb Jahrzehnte später, die schwersten Jahrzehnte im Leben der beiden Frauen, in denen sie oft an den Rand ihrer Kräfte getrieben waren, treffen sie aufeinander.

Im Mai 1947 schreibt Elisabeth Langgässer: »Hier in Berlin ist zur Zeit großer Anna-Seghers-Rummel. Ich mag sie persönlich sehr, und auch künstlerisch. Sie ist in meinem Alter, aus meiner Heimat, und ein absolut phrasenloser und uneitler Mensch, wobei ich allerdings hinzufügen muss, dass ich es leicht finde, uneitel und ohne Ehrgeiz zu sein, wenn man bereits mit einer halben Million Bücher in Amerika aufgelegt worden ist.« – Dieser halb wehmütige, halb neidische Satz, der sich auf den Erfolg des *Siebten Kreuzes* in Amerika bezieht, weiß nichts von den Schwierigkeiten und Gefahren des Exils, auch nichts von den Gefährdungen, denen gerade das Manuskript des *Siebten Kreuzes* ausgesetzt war, das die Autorin unter Tränen vor ihrer Flucht aus dem von Deutschen besetzten Paris selbst verbrannte, ohne sicher sein zu können, daß ein Exemplar gerettet war. Die Langgässer hat es nicht wissen können. Aber vielleicht zeigt gerade der kleine, anrührende Langgässer-Satz, den ich nicht überinterpretieren will, in nuce die ambivalente Stimmung zwischen Autoren der »äußeren« Emigration und solchen, die sich zur »inneren« Emigration zählen konnten.

Um so kostbarer und köstlicher jene Schilderung eines Zusammenseins der beiden Frauen, die die Langgässer am 10. Mai an einen anderen Adressaten gegeben hat: »Hier in Berlin wird zur Zeit die Seghers ganz groß gefeiert, und sie verdient es auch. Ihr *Siebtes Kreuz* (natürlich müsste es »siebentes« heißen, aber sie sagte zu mir im Mainzer Dialekt: »Och, des wer mer doch ganz wurscht, ganz und gar wurscht!«) ist großartig in seiner Verhaltenheit, Echtheit und Menschlichkeit. ›Awer ich bin en Bolschewik von owe bis unne‹, äußerte sie zu Peter Huchel. Trotzdem: Am ›Tag des freien Buches‹ bin ich, neben ihr sitzend, fast mit auf das Bild geraten, und sie meinte: ›Mir zwei könne doch zusamme drauf, un drunter solltense schreiwe, dass wir aus Mainz sind, das ist wichtiger als alles.‹ So ist sie also auch wieder. Hat ein wunderschönes, flächiges Barlach-Gesicht unter schneeweißen, glatten Haaren, unerhörte schwarze Augen und einen trotzigen, gewölbten Kindermund. Ihr seht, ich habe mich verliebt. Natürlich werden und müssen wir, sozusagen zwangsläufig, furchtbar aufeinander platzen: weltanschaulich. Und wahrscheinlich werden wir beide dabei ordinär werden wie ›zwei Fischweiber‹, wie meine Mutter zu sagen pflegte. Trotzdem hab' ich ein Faible für sie.«

Zu diesem weltanschaulichen »Aufeinanderplatzen« ist es nicht gekommen. Ehe ich herausfinde, was dazu hätte führen müssen, sammle ich noch Berührungspunkte. Hat Elisabeth Langgässer bemerkt, daß der Ort Osthofen, in dem jenes Konzentrationslager war, das die Seghers im *Siebten Kreuz* nach »Westhofen« verlegt, nur wenige Kilometer östlich von Alzey liegt? Oder daß die große Szene im Dom von Mainz, in dem der flüchtige Georg Heisler sich eine Nacht lang versteckt hält, und ein später von der Seghers geschriebener kurzer Text (*Zwei Denkmäler*) auf bestürzende Weise ein Gegenstück haben in ihrer eigenen Dom-Beschwörung in der Novelle *Das erfüllte Versprechen*? »Dieser Dom, welcher nicht auf der Erde stand, weil hölzerne Roste ihn trugen, doch auch nicht über der Erde stand, weil jene Roste viel tiefer führten als irgendein Kellergewölbe, der Dom, dessen Sohle tönerne Scherben mit der Inschrift Jupiter, Venus und Mars, an Merkur und die große Mutter zertrat, weil Schrift und Inschrift erfüllt war, ... der Willigisdom, seiner zeitlichen Herkunft aus dem Wasserschoße beraubt, fing plötzlich zu altern an.«

Und Anna Seghers: »Eines dieser Denkmäler (die ›fest in‹ ihr ›Gedächtnis gepflanzt‹ sind) ist der Dom, den man über die weite Ebene sieht und von den fernen Hügeln auf dem rechten Rheinufer. Seine Pfähle reichen bergwerkartig beinahe so tief in die Erde wie seine Türme in den Himmel. Das ganze Volk hat an dem Dom länger als ein Jahrtausend gebaut. Unter seinem Gewölbe liegen die Erzbischöfe, die des Heiligen Römischen Reiches deutscher Nation Erzkanzler waren.«

Die Dom-Beschreibung der Langgässer steht in dem Buch *Rettung am Rhein*, das als letztes ihrer Bücher 1938 noch gerade vor dem Anschluß Österreichs in Salzburg erscheinen kann. Danach muß sie nach außen hin verstummen. Sie begibt sich an die Arbeit zum *Unauslöschlichen Siegel*. – Anna Seghers schreibt in Mexiko nach der Novelle *Ausflug der toten Mädchen* an ihrem großen Roman *Die Toten bleiben jung*, dessen Manuskript sie 1947 nach Deutschland mitbringt. Beide wußten nicht, ob das, was sie schrieben, je deutsche Leser finden würde. Ein Vergleich dieser beiden Bücher würde in aller Schärfe das unterschiedliche, ja gegensätzliche Geschichtsverständnis der beiden Autorinnen aufdecken.

Anna Seghers hat ihre zerstörte Vaterstadt Mainz besucht, ehe sie nach Berlin kam. Sie hat kaum je darüber gesprochen, was sie dabei empfand. Noch in Mexiko hat sie erfahren, daß ihre Mutter Hedwig Reiling zusammen mit den letzten Juden aus Mainz deportiert worden war. »Meine Mutter wurde nach Polen deportiert und ermordet, obwohl wir ihr noch Visen verschafften, aber um Tage zu spät. Ich habe bis auf ein paar Freunde niemand Lebendes in Deutschland.« Sie ist, als sie zurückkommt, in jedem Sinne eine Fremde. An einen der Freunde im Ausland schreibt sie: »Im ganzen sind die Menschen ganz verwahrlost im Vergleich zu den Völkern, die ich kenne.«

Die Langgässer-Familie – außer Elisabeth und ihrem Mann Wilhelm Hoffmann drei kleine Töchter – verliert durch Bomben ihr Heim. 1946 erfährt die Mutter, daß ihre nach Auschwitz deportierte Tochter lebt. Die jahrelange Plackerei des Schreibens und die Mühsal, den Haushalt und die Kinder zu versorgen, haben sie bis auf den Grund erschöpft. Schübe der Krankheit, multiple Sklerose, greifen sie an und machen ihr Angst. Sie stürzt sich sofort in die nächste Arbeit, ihren letzten Roman *Märkische Argonautenfahrt*. Es gab mir einen Stoß, als ich in diesem Buch einem Fräulein Sichel begegnete (»Sichelchen«) – wiederbegegnete? –, das mir, in anderer Gestalt, aus dem *Ausflug der toten Mädchen* bekannt vorkam. Auf der Deportationsliste, auf der Anna Seghers' Mutter verzeichnet ist, steht auch der Name Johanna Sichel. Das war die jüdische Lehrerin von Anna Seghers, der sie im *Ausflug der toten Mädchen* ein Denkmal gesetzt hat: als Lieblingslehrerin; an sie drängt sich eines der Mädchen besonders heran, aber gerade dieses Mädchen wird später die gealterte Lehrerin von einer Bank am Rhein wegjagen, »weil sie auf einer judenfreien Bank sitzen wollte«. Und es ist dieses Fräulein Sichel, das der Erzählerin den Auftrag gibt, sie solle »für die nächste Deutschstunde eine Beschreibung des Schulausflugs machen.« Jahrzehnte später führt sie den Auftrag aus.

Das »Sichelchen« bei der Langgässer ist – anders als das schöne Fräulein Sichel bei Anna Seghers – »ein buckliges Wesen, hässlich und weise wie ein Lemur«, »in Nierstein geboren und in Mainz zur Schule gegangen«. Sie verhilft einem jüdischen Ehepaar, das deportiert werden soll, zur Flucht (getaufte Juden übrigens, wie so oft bei der Langgässer), geht dann selbst mit zwei Kindern mit auf den Transport nach Theresienstadt und später, wie die Tochter der Autorin, nach Auschwitz, wo sie umgebracht wird. Sie berichtet darüber in einem langen Monolog, sozusagen aus dem Totenreich, den sieben Pilgern (»Argonauten«), die nach einem märkischen Kloster unterwegs sind. Und nicht zuletzt dieser Bericht könnte es sein – wiederum der einer getauften Jüdin, deren innige christliche Gläubigkeit trotz Auschwitz in der Gewißheit der »Liebe Gottes« mündet –, der die Weltsicht der Tochter von der der Mutter scheiden mußte. Und über den auch – hätte er zwischen Langgässer und Seghers zur Sprache kommen können – die beiden furchtbar hätten »aufeinanderplatzen« müssen.

Denn nichts hätte die Seghers leidenschaftlicher abgelehnt als das Ansinnen, in diesen Vernichtungslagern auch nur eine Spur von einem Sinn zu sehen. Dagegen hatte sie ja, den vernunftfrohen und zukunftsgewissen Lehren der Aufklärung verpflichtet, seit ihrer Jugend angeschrieben: gegen die Verführung, die für viele Menschen in Deutschland in dem irrationalistischen Gedröhn des Führers und seiner vielen kleinen Unterführer lag. Und sie hat für das Eindringen der nationalsozialistischen Wahnideologie in das Innere von Menschen keine stärkere Metapher gewußt als »teuflisch«.

Ja, auch sie hat das Teufelsmotiv gekannt und verwendet, man kann diesem Motiv im Werk der Anna Seghers nachspüren, man kann die Figuren aufrufen, die einen Teufelspakt eingehen – immer wird man finden, sie meint damit den Pakt mit den zerstörerischen Kräften, den bewußtseinszerstörenden, die ihre Macht aus lügnerischer Verlockung ziehen. Sie schrieb mir einmal, auf meinen Roman *Kindheitsmuster* bezogen: »... was in diesem Roman steht, ist doch längst in den Sagen und Märchen aller Völker enthalten: Ein braver Mann, der sich plagen muss von morgens bis abends, verspricht dem Teufel (der natürlich nicht gleich erkannt wird), falls er sein Leben erleichtert, das erste, was am Abend nach der Heimkehr aus seinem Haus hüpft. Dieses erste war bisher immer sein Hündchen. Aber an diesem Abend springt ihm nicht sein Hündchen entgegen, sondern sein Töchterlein Nelly.«

Die Tausende von Nellys und Peters aus dem »Teufelspakt« herauslösen zu helfen war einer der Gründe, die die Seghers und viele ihrer Gefährten nach Deutschland zurücktrieben und die in Zukunft mitbestimmten, was sie schrieben und wie sie schrieben. Der immense Anteil, den sie und ihre Literatur daran hatten, uns die Augen zu öffnen für das Wesen des Faschismus, soll hier noch einmal bezeugt werden. Dabei war Anna Seghers weit entfernt von jener trockenen Ratio, die einen Zweig der europäischen Aufklärung so unverdaulich und letzten Endes unwirksam machte. Die enge Berührung mit den chiliastischen Lehren, über die ihr späterer Mann als Student arbeitete und die er und, wie ich überzeugt bin, auch sie in ihre Auffassung von Kommunismus hineinnehmen, hat ein starkes Element von Glauben in ihr Weltbild gebracht, eine chiliastische Komponente, die in den Mühlen der Parteibürokratie allmählich zermahlen wurde, während das als wissenschaftlich deklarierte Weltbild von Marxisten mehr und mehr religiöse Züge annahm und in Glaubenssätzen zementiert wurde. Dieses Dilemma gehörte zum Widerspruch im Leben und Werk auch der Anna Seghers, an dem sie sich andauernd rieb. Aber noch zu ihrem sechzigsten Geburtstag stellte Konrad Farner fest, sie schreibe »illusionslos und doch liebend, beherrscht und doch ergreifend«. Keine der anderen »dichtenden Frauen« besitze jene »Traumnüchternheit«, die ihre Kunst auszeichne. Und dann: »Vielleicht, dass Elisabeth Langgässer, allerdings in einem anderen Raum, Dir hierin am nächsten war.«

Der »andere Raum« ist die von katholischer Mystik geprägte Grunderfahrung der Langgässer, die, aufgewühlt vom Wirken Satans in der Welt, Aufklärung, Vernunft verächtlich, beinahe haßvoll zurückweist, mit einem Gestus, der mich an die schmerzliche Erkenntnis des Adrian Leverkühn aus Thomas Manns *Doktor Faustus* erinnerte, die er so zusammenfaßt: »Ich habe gefunden, es soll nicht sein. Das Gute und Edle, was man das Menschliche nennt, obwohl es gut ist und edel. Um was die Menschen gekämpft, wofür sie Zwingburgen gestürmt, und was die Erfüllten jubelnd verkündet haben, das soll nicht sein. Es wird zurückgenommen. Ich will es zurücknehmen.«

Dieser schauerliche Satz scheint mir über manchen Passagen in den letzten Büchern der Langgässer zu stehen, eine tiefe Trostlosigkeit, den Menschen betreffend, die sich nicht anders zu helfen weiß als mit dem Entschluß und dem Gebot, »blindlings« zu glauben, »von keiner Hoffnung und keinem Versprechen gestärkt«. Was für die eine, Langgässer, der Höllensturz der »finsteren Aufklärung« war, »die mit dem Wahnsinn, mit der Verzweiflung und mit dem Mysterium des Nichts notwendig enden mußte«, ist für die andere, Seghers, die Hoffnung auf einen Sieg der Vernunft, der *Glauben an Irdisches.* So nennt sie einen Essay, in dem sie beschreibt, wie die Glasfenster im Obergeschoß der Sainte-Chapelle in Paris im Herbst 1948 wieder eingesetzt werden, jene Fenster, welche »die Passion und alle auf sie bezogenen Bilder des Alten und Neuen Testaments« darstellen, und sie denkt an den widerwärtigen Tag, »als wir damals noch einmal die fensterlos blinde Sainte-Chapelle betraten, vor der Evakuation von Paris. Ein schonungsloses, gemeines Licht fiel unverfroren durch das Gerippe aus Stein. Was einen früher umgeben hatte, das ›Innere Reich‹, war plötzlich vergangen: der Zauber aus blauem und rotem Glas, das Märchen der westeuropäischen Christenheit.«

Wenige Jahre zuvor hat Elisabeth Langgässer im *Unauslöschlichen Siegel* beschrieben, wie im Ersten Weltkrieg zwei deutsche Offiziere die Kathedrale des eroberten Senlis besichtigen, ebenfalls bezaubert von den Glasfenstern, »die ihre wolkenhaft spielenden Bänder aus Lilien und Salamandern um die zarten Rippen der Spitzbögen warfen, ... mit Wappenlilien und Tiersignaturen, in welchen die Wirklichkeit sich übertroffen und gleichzeitig ausgelöscht hat«.

»Das Glanzstück der ganzen Kapelle«, berichtet die Seghers, »das die meiste Mühe kostet, wird zuletzt eingesetzt. Solange die Rose noch fehlt, dringt das Tageslicht herein, so hart und scharf wie seit acht Jahren. Der Friede ist solange noch unwirklich.« Bei der Langgässer gewinnen die beiden Offiziere in der französischen Kathedrale Einblick in eine ganze Kosmologie, die »geistliche Schöpfung«, die sich am besten »von einer gefüllten Rose her« begreife, der »rosa mystica«. »Und wie«, fragt der eine den sie begleitenden alten Pfarrer, »wie stellen Sie sich den Ausgang des Dramas zwischen Gott und Luzifer vor? Wie steht augenblicklich die Schlacht?« »Schlecht für Gott und gut für den Satan«, antwortet der lakonisch. »Ja, wenn nichts weiter als die Erfahrung und die Vernunft voraussagen wollten, dann wäre Gottes Anspruch verloren, denn der Satan ist Herr dieser Welt.« ... – »Die Glücklichen dieser Erde« stünden »weiter vom Brennpunkt weg«, ... »von dem Brennpunkt der Liebe«.

Die Seghers, in ihrer Kapelle, nach dem Zweiten Weltkrieg, denkt an die »vielen teuren Toten«, die in polnischer Erde begraben sind und zu denen, das sagt sie nicht, auch ihre Mutter gehört. Sie glaubt, »die neue Gesellschaft macht einen Tod wie den ihren unmöglich«. »Wenn die Fenster von Sainte-Chapelle ohne Störungen unter unserer Wachsamkeit beendet sind, wird das Märchen aus blauem und rotem Glas wieder aufglühen. Ein Wunder wird das zweite Jahrtausend beschließen: Glasfenster, vor denen die Kugeln weichen.«

Uns Nachgeborenen ist es ein leichtes, den Mund zu verziehen über die Glaubenszuversicht der einen wie über die fehlgeleitete Hoffnung der anderen. Bestürzt lese ich in der *Märkischen Argonautenfahrt* Zeilen, die wie eine Antwort der Langgässer auf den *Glauben an Irdisches* der Seghers klingen und, muß ich hinzufügen, auch wie eine Antwort auf Illusionen, die wir, ich, vor dem Balkan-Krieg, in den wir jetzt verwickelt sind, für Europa hegten: »Ich fürchte«, sagt der alte getaufte Jude Jeschower, »daß in Europa der Boden ausgelaugt ist ... für die mystische Rose. Die Sophia der Russen.« Darauf sein Widerpart, der Landarzt Cuilles, als kenne er oder als kenne seine Autorin den Aufsatz der Seghers: »Zwar kann man die Fenster der Sainte-Chapelle wieder einsetzen, doch eine Ikone der Hagia Sophia ist kein Museumsstück.« Der andere: »Warum sollte die Hagia Sophia nicht wieder ein Andachtsbild werden?« Und der Arzt, spöttisch: »Warum nicht? Das eine ist Mystik ebensosehr, wie es das andere ist. Ein Glaube. Das irdische Paradies. Das goldene Zeitalter, das sich bald Himmel und bald Kolchose nennt.« Ein Ungläubiger, ein Skeptiker verwirft in einem Satz zwei Glaubenssysteme, für die es in den Büchern der beiden Antipodinnen Belege in Fülle gibt.

Hier muß ein Brief der Langgässer zitiert werden, der zeitlich nahe bei der eben angeführten Stelle aus der *Märkischen Argonautenfahrt* entstanden sein muß. An den ihr freundschaftlich verbundenen Erich Fried, einen aus Österreich entkommenen jüdischen Kommunisten, den ich übrigens gut gekannt habe, schreibt sie im Februar 1948: »Nicht meine Lyrik ist die Ausfahrt in schizophrene Bezirke – aber immer mehr meine Prosa. Ich gebe es auf, ›Fabeln‹ zu erdichten,

›Handlungen‹ zu spinnen, sondern treibe mit ungeheurer Vehemenz auf dem Meer der reinen Worte. Gerade lese ich die *Saboteure* der Anna Seghers. Mein Gegenpol. Wer hat nun mehr, wer weniger ›Welt‹? Eben wächst ein neuer Roman von mir aus nichts als Wortmagie und Pneuma. Ich bin entsetzt über mich selbst und weiß nicht, wie das Ende sein wird. Ach, wer schreiben könnte wie die Seghers! So nach der Linie, so mit vorgeschriebenen, zuverlässigen Handgriffen! Ich kann es nicht und kann es immer weniger. Künstlerisch treibe ich immer mehr auf das offene Meer hinaus – ein brennendes Wikingerschiff, das die ›Ratio‹ an Bord hat. Und ich ängstige mich sehr. Ich habe Furcht, verrückt zu werden, ganz große Furcht.«

Ich weiß nicht, ob die Seghers, gebunden an ihre »vorgeschriebenen, zuverlässigen Handgriffe«, nicht auch manchmal den Stoßseufzer hätte ausstoßen mögen: »Ach, wer so schreiben könnte wie die Langgässer! – ohne Rücksicht auf irgendeine Ideologie, eine Partei, eine selbstauferlegte Verpflichtung treibend auf dem Meer der reinen Worte.« Allerdings – ein Schiff, das verbrennt »mit der Ratio an Bord«, hätte sie niemals ausgerüstet. Oder doch? Was bedeutet es, wenn das Wrack ihres *Argonautenschiffs* seinen müden, enttäuschten Kapitän, Jason, der zu kühner Fahrt aufgebrochen war und das Goldene Vlies geholt hatte, am Ende erschlägt? – Die *Saboteure*, um von ihnen zu reden, haben in ihrer Fabrik (die übrigens in Griesheim liegt) etwas von der Munition, die im Krieg gegen die Sowjetunion eingesetzt werden sollte, unschädlich machen können. Die meisten von ihnen gehen auf diese oder jene Weise zugrunde. Die Erzählerin vermittelt den Eindruck, ihr Opfer – denn es sind Märtyrergeschichten, die sie erzählt – sei nicht umsonst gewesen. Diesen Kanon anzuzweifeln, gar zu durchbrechen – hätte sie sich nicht erlaubt, das blieb und bleibt den nächsten Generationen vorbehalten und auferlegt.

Je mehr ich lese, um so stärker wird ein Bild in mir: Die

Langgässer und die Seghers Rücken an Rücken, jede mit großem Ernst ihre Welt, ihr Werk verteidigend, wobei die eine der anderen nicht helfen kann; und jede – wenn auch in entgegengesetzter Richtung, wenn man so will – gleich weit entfernt von der Unverbindlichkeit der Post-Moderne.

Ich kehre zurück zum Jahr 1947 und muß eine längere Stelle aus einem Brief zitieren, der noch nicht veröffentlicht ist und den Anna Seghers am 16. Juni an ihre in Stockholm lebende Freundin Erika Friedländer schrieb:

»Jetzt habe ich noch eine große Bitte an Dich: Schreib Dir bitte mal sofort folgende Adresse ab: Cordelia Hoffmann, Stureparken 4, c/o Nilson, Stockholm. Das ist ein junges Mädchen von ungefähr siebzehn Jahren. Mit ihr hat es folgendes auf sich: die Mutter heißt Elisabeth Langgässer. Sie ist eine katholische Schriftstellerin aus meiner Heimatstadt, ganz begabt. Sie hat einen Roman geschrieben, ›Das unauslöschliche Siegel‹. Nun wirst Du gleich eine typische Geschichte hören. Die Mutter Elisabeth ist Halbjüdin, der Vater war Jude. Das erwähnte Kind, Cordelia, hatte einen jüdischen Vater, sie war also drei Viertel Jüdin, die Mutter heiratete später einen Vollarier und bekam noch drei Kinder, also Halbschwestern der Cordelia; sie sind also ein Viertel jüdisch und drei Viertel arisch. Als das große Mädchen vor der Gefahr der Deportation usw. stand, gelang es mit Hilfe von Freunden, sie spanisch zu naturalisieren. Die Gestapo geriet aber in Wut, bedrohte die ganze Familie mit Davidstern, Deportation usw. Der Vater, also Stiefvater, ist ein sehr lieber, anständiger Mensch, der gerade seine Stieftochter sehr liebt. Das große Mädchen, um seine Familie nicht alldem auszusetzen, ging schließlich beinahe freiwillig in ein jüdisches Heim. Von da aus wurde sie nach dem Osten deportiert. Die Mutter blieb monatelang ohne Nachricht und hielt sie für tot. Dann tauchte sie plötzlich bei Euch in Schweden auf. Sie war auf Munitionsarbeit aus dem Lager geschickt worden und irgendwie von den Alliierten gerettet. Sie hatte Tbc, wie sie nach Stockholm kam, soll aber inzwischen geheilt sein. Sie verdient Geld, schickt aber, was sie nur kann, an Paketen ihrer Familie. Nun hat die Mutter Angst, dass sie sich nicht richtig ernährt und nicht genug Milch trinkt. Die Leute wären ganz glücklich, wenn sich jemand in Stockholm um das Mädchen kümmern könnte und beschreiben, wie es ihm geht und wie es lebt und ob sein Gesundheitszustand wirklich gut ist. Ich dachte sofort an Dich und ich hoffe vielleicht, dass z. B. die liebe Frau Berendtsohn einmal sieht, was mit dem Mädchen los ist.«

Wer hätte Anna Seghers alle diese Einzelheiten erzählen können, wenn nicht Cordelias Mutter? Wo kann dieses Gespräch stattgefunden haben? Bei welcher Gelegenheit? Vom Zusammentreffen der beiden Kolleginnen am »Tag des freien Buches« wissen wir. Elisabeth Langgässer gehörte auch dem »Schutzverband deutscher Autoren« an, in dessen Vorstand Anna Seghers zeitweilig war, und sie arbeitete in einer Kommission mit, die den berühmten Ersten Deutschen Schriftstellerkongreß 1947 in Berlin vorbereitete. Am Rande einer solchen Zusammenkunft stelle ich mir die beiden damals sechsundvierzigjährigen Frauen ins Gespräch vertieft vor. Und bei ähnlicher Gelegenheit wird die Seghers der Langgässer berichtet haben, was ihr noch im gleichen Monat ihre Freundin aus Stockholm schrieb:

»Zu Cordelia Hoffmann. Ich habe mit ihr mehrmals telefoniert. Sie macht einen netten und frischen Eindruck. Zu einer Einladung war sie nicht gekommen, sodass ich sie noch nicht persönlich kennen gelernt habe. Sie arbeitet bei der Jüdischen Gemeinde. Ich habe mich bei einer Emigrantin, die ich kenne und (die) dort auch arbeitet, erkundigt und sie sagte mir, dass die Kleine sehr beliebt ist und schonend auf Grund ihrer alten TB. behandelt wird. Sie verdient 275 Kr: Im Monat, etwas weniger als ich, da sie aber als Alleinstehender weniger Verpflichtungen hat, kommt sie wohl ganz gut durch. Sie bat mich, Dir zu schreiben, dass die Mutter sich keine Sorgen machen soll, es ginge ihr sehr gut.«

Im September 47 wird Elisabeth Langgässer, nachdem sie lange vergeblich auf Post von ihrer Tochter gewartet hat, nach Stockholm schreiben: »Und nun frage ich Dich: bist Du schon ein einziges Mal auf dem Konsulat gewesen, oder hast Du Dich mit Frau Simson bzw. den Freunden von Anna Seghers besprochen?«

Zwischen den beiden Briefen liegt für Elisabeth Langgässer eine »große, schmerzhafte Enttäuschung«. »Ich wusste schon monatelang, dass man mir den Georg-Büchner-Preis der Stadt Darmstadt zugedacht hatte – und nun ist er doch noch an mir vorbeigegangen und Anna Seghers zugefallen. ... Nichts zu machen – der Seghers gönne ich ihn natürlich von Herzen, obwohl sie ihn natürlich nicht nötig hätte.« – Dann aber, ein Jahr später, ist sie es, die der Kollegin, die wegen des schon herrschenden kalten Krieges nicht nach Darmstadt fahren kann oder will, das Preisgeld nach Berlin bringt! – Sie selbst bekommt den Büchner-Preis bekanntlich erst postum nach ihrem frühen Tod.

Um vollständig zu sein, noch einige Funde aus dem Nachlaß der Anna Seghers: Sie hat die Langgässer auf die Liste derjenigen Personen gesetzt, an die der Aufbau-Verlag ihre jeweils neu erscheinenden Bücher schicken sollte. In ihrer Bibliothek gibt es fünf Bücher von Elisabeth Langgässer, darunter zwei mit Widmung: *Das unauslöschliche Siegel*: »Für Anna Seghers in Herzlichkeit. Elisabeth Langgässer. Berlin, 30.5.47«. *Grenze, besetztes Gebiet*: »Verehrungsvoll zu eigen von Elisabeth Langgässer«. Die anderen drei Titel erhielt oder kaufte Anna Seghers nach dem Tod von Elisabeth Langgässer. – In ihrer Familie – das erzählte mir Ruth Radványi, die Tochter von Anna Seghers – habe es einen merkwürdigen

Brauch gegeben. Wenn man nach außen hin über einen Sachverhalt nicht sprechen, sondern schweigen sollte, verständigten sich die Familienmitglieder darüber mit dem Codewort »Langgässer«. Dies will ich nur weitergeben, nicht interpretieren.

Aber auf jenen Schriftstellerkongreß will ich noch kurz eingehen, bei dem Langgässer und Seghers einmal auf demselben Podium gestanden und politische Reden gehalten haben; jener Kongreß, der berühmt wurde, weil er der letzte war, der unter dem Eindruck des Sieges der Antihitlerkoalition und der Leiden der Opfer des Nationalsozialismus Schriftsteller aus allen Sektoren und Besatzungszonen Deutschlands und sehr unterschiedlicher Anschauungen zusammenführte; und weil er der erste war, auf dem die künftige nicht nur politische, auch kulturelle Spaltung Deutschlands und Europas deutlich wurde. Er fand vom 4. bis 8. Oktober 1947 in den Kammerspielen im Ostsektor Berlins statt. Aufgrund der schwierigen Vorgeschichte dieses Kongresses war es schon fast ein Bekenntnis, an ihm überhaupt teilzunehmen. Elisabeth Langgässer war das Referat zum Thema *Schriftsteller unter der Hitlerdiktatur* übertragen worden. »Da ich einiges Wesentliche auf dem Herzen habe«, schreibt sie an Freunde, »wird es, glaube ich, ganz ordentlich werden.« Es muß ihr bewußt gewesen sein, daß ihr Referat in den Kern der Auseinandersetzungen zielte, die schon vorher zwischen Autoren der »äußeren« und denen der »inneren« Emigration ausgebrochen waren – nicht zuletzt durch einen dreisten Brief Walter von Molos an Thomas Mann, den dieser empört zurückwies: Er verachte »die Unschuldsgesten« derer, »die den Hexensabbat mitgetanzt und Herrn Urian aufgewartet hatten«.

Den zurückgekehrten Emigranten, die den Kongreß maßgeblich mitvorbereiteten, lag daran, die Fehde zwischen innerer und äußerer Emigration zu beenden; sie bekundeten das nicht zuletzt dadurch, daß sie Elisabeth Langgässer an die

Spitze der Rednerliste setzten. Das Protokoll verzeichnet einen vielleicht nicht ganz zufälligen Versprecher Günter Weisenborns, ein Mann des Widerstands, der am ersten Tag die Verhandlungen leitete: »Ich bitte jetzt also zunächst die Schriftstellerin Elisabeth Langgässer, das Wort zu ergreifen – Elisabeth Langgässer wird vielen von Ihnen bekannt sein als eine der besten Prosaistinnen und Lyrikerinnen, die wir in der jungen Generation haben. Sie hat soeben ihren Roman ›Das siebte Kreuz‹ (große Heiterkeit) – ›Das unauslöschliche Siegel‹ veröffentlicht.« (Soviel ist richtig: Diese beiden Bücher erschienen 1947, und erst seitdem war Anna Seghers in Deutschland wieder als Schriftstellerin bekannt, und Elisabeth Langgässer erlebte endlich eine wenn auch kurze Zeit literarischen Ruhms.)

Elisabeth Langgässer hält eines der Referate – wie übrigens auch die Seghers am nächsten Tag –, auf das sich spätere Redner immer wieder beziehen, zustimmend oder kritisch. Sie beginnt mit dem noblen Bekenntnis, sie habe »wirklich nichts, rein gar nichts, dessen« sie »sich rühmen könnte«. »Es ist eine große, eine unverdiente Gnade gewesen«, sagt sie, »wenn Gott einem Menschen den Arm festgehalten hatte, nüchterner ausgedrückt, wenn er es fügte, dass er auf Grund unqualifizierbarer Vorfahren oder irgendeiner Temperamentsäußerung, über die er selber hinterher erstaunt war, aus der sogenannten Reichsschrifttumskammer herausgeworfen wurde, bevor er noch in die Versuchung kam, mit diesem Gesindel einen Pakt zu schließen, von welchem der 25. Psalm sagt: ›An ihrer Hand klebt Freveltat, gefüllt ist ihre Rechte mit Geschenken.‹«

Sie spricht dann von der deutschen Sprache als der »Heimat des Dichters«, die, verhunzt durch ihren Mißbrauch im »Dritten Reich«, von den Schriftstellern herüberzuretten sei in die Zukunft. Da trifft sie sich mit der Seghers, die in ihrer Rede über »geistige Freiheit« an das Auditorium appelliert als an eine »Gemeinschaft, die eben geeint ist durch dieselbe

Sorge um die Zukunft und um das Volk, in dessen Mitte wir leben und dessen Sprache ... wir alle sprechen«.

Eine genauere Untersuchung der beiden Reden, die ich hier nicht leisten kann, würde ergeben, daß die aus so unterschiedlichen Wurzeln erwachsenden Visionen der beiden Dichterinnen, die Zukunft, die Sprache betreffend, hochherzige Wunschträume bleiben mußten. Hätte Elisabeth Langgässer länger gelebt, wären sie und Anna Seghers wohl wieder weit voneinander weggetrieben worden, auf die entgegengesetzten Seiten des Grabens, der Deutschland und Europa bald teilen sollte. Die Zeit der Gemeinsamkeit war vorbei. Die Sprache wurde von den unterschiedlichen Parteiungen wieder in den Dienst genommen, in beiden Teilen Deutschlands hatten die Schriftsteller unter verschiedenen Anfechtungen, Mühen und Gefährdungen dafür zu sorgen, daß ihre Sprache gewissenhaft, das heißt der Wirklichkeit nahe und der Wahrheit verpflichtet blieb. Die »geistige Freiheit«, die Anna Seghers heraufbeschworen hatte, war, auch und gerade in dem Sinn, den sie diesem Begriff gab, in dem Staat, in dem sie, in dem auch ich lebte, mehr und mehr in Frage gestellt. Ich glaube, die Konflikte, in die sie dadurch geriet, und die Art, wie sie mit ihnen umging – aufgrund ihrer Geschichte wohl umgehen mußte –, sind noch nicht gründlich genug und mit dem nötigen Einfühlungsvermögen untersucht. Elisabeth Langgässer wiederum wird heute wenig gelesen und zu Unrecht kaum gekannt.

Seit jenem Kongreß ist mehr als ein halbes Jahrhundert vergangen. Jung, wie ich damals war, hätte ich ohne weiteres die Hoffnung der Seghers geteilt, daß »ein Wunder« das »zweite Jahrtausend beschließen« werde: »Glasfenster, vor denen die Kugeln weichen«. Nicht erst die letzten Wochen des Krieges in Jugoslawien haben diese Erwartung gründlich zerstört. Und die letzten zehn Jahre, die im Prozeß der Vereinigung der deutschen Kulturen kaum so viel Toleranz haben herstellen können, wie jener Kongreß es vermocht hat, haben meine Hoffnung mitgenommen. Aber vielleicht war das eine Voraussetzung dafür, daß ich mit Neugier versuchen konnte, in die Aura der Fremdheit, die Elisabeth Langgässer für mich umgab, ein wenig, von den Rändern her, einzudringen. Ich bin auf keine Siegerin gestoßen, wie ich schon länger weiß, daß auch die Seghers keine Siegerin war; in beider Leben sehe ich tragische Züge. Es war nichts Kleines, Kleinliches, was sie bewegt hat. Darauf zu bestehen hat in jeder Zeit, ganz besonders in der unsrigen, seinen Preis.

Für die Gelegenheit, darüber erneut nachzudenken, habe ich der Jury und der Stadt Alzey zu danken.

1999

». . . der Worte Adernetz«

Nelly Sachs heute lesen

Aber mitten in der Verzauberung spricht eine Stimme
klar und verwundert
»Welt, wie kannst du dein Spiel weiter spielen
und die Zeit betrügen –

Welt, man hat die kleinen Kinder wie Schmetterlinge
flügelschlagend in die Flamme geworfen –

und deine Erde ist nicht wie ein fauler Apfel
in den schreckaufgejagten Abgrund geworfen worden –

Sonne und Mond sind weiter spazieren gegangen,
zwei schieläugige Zeugen, die nichts gesehen haben.«

Verstörende Zeilen, in schmerzzerrissenen, ekstatischen Nächten (»Angeängstigt / mit dem Einhorn Schmerz durchstochen«) wie unter Diktat geschrieben. Man schreckt davor zurück, sie laut zu lesen. Nelly Sachs ist schon Ende Fünfzig, als zwei ihrer Nachkriegsgedichte im zweiten Jahrgang der Zeitschrift *Sinn und Form* veröffentlicht werden. Ihren Namen kannte man nicht. Fast fünfzig Jahre nach dieser ersten Veröffentlichung scheint sich der Hallraum dieser Dichtung noch vergrößert, ihre Gültigkeit sich ausgedehnt zu haben. In den Gedichten der Nelly Sachs sterbe das jüdische Volk, hat man gesagt, und der Unmittelbarkeit des Schmerzes, die sich auf den Leser überträgt, hat der zeitliche Abstand nichts anhaben können. Diese Gedichte wiederlesend, stellen sie mir die Frage: Was ist heute menschlich? Worauf beziehen wir heutzutage das Wort »human«? Für welche Inhalte ist es uns unverzichtbar geblieben oder geworden?

»Zum Tod fall dir nichts ein«, steht in dem Gedicht, das

Ingeborg Bachmann, viel später, Nelly Sachs, der »Freundin der Dichterin, in Verehrung« gewidmet hat. Wort-Ekel treibt sie um:

Und nur nicht dies: das Bild
Im Staubgespinst, leeres Geroll
Von Silben, Sterbenswörter.
Kein Sterbenswort,
Ihr Worte!

Wir mißtrauen unseren Werkzeugen, die jener Kultur gedient, die sie mitgeformt haben, welche Auschwitz hervorgebracht hat. Nelly Sachs, die hinunter- oder hinaufgestiegen ist »in die Wohnungen des Todes« – welch uralter abendländischer Mythos von der Reise ins Totenreich offenbart sich hier in fratzenhafter Verkehrung –, Nelly Sachs muß sprechen, damit doch die menschliche Stimme erklingt in einem »zum Schweigen gesteuerten Weltall«.

Hier nehme ich euch gefangen
ihr Worte
wie ihr mich buchstabierend bis aufs Blut
gefangen nehmt

schreibt sie im schwedischen Exil, heimatlos, »die Sprache zur einzigen Heimat geworden«. Sterbensworte? Wenn man so will:

O die Schornsteine
Auf den sinnreich erdachten Wohnungen des Todes,
Als Israels Leib
Zog aufgelöst in Rauch
Durch die Luft –

Heimsuchung durch Wörter – der Mehrdeutigkeit dieses Satzes kann man lange nachlauschen. Wortgläubigkeit, möchte man geradezu sagen, bis hin zum Appell, nicht frei von Pathos:

Völker der Erde,
zerstöret nicht das Weltall der Worte,
zerschneidet nicht mit Messern des Hasses
den Laut, der mit dem Atem zugleich geboren wurde.

Beschwörungsworte also, vor allem aber: Gedächtnisworte, Sehnsuchtsworte. Der Vers als unmittelbarer Abdruck eines Leids, das nie vergehen wird. Nelly Sachs habe ihr Leben lang an einem einzigen Buch geschrieben, heißt es, und das ist wahr, wenn man von den frühen Gedichten und Legenden der ganz jungen Frau aus romantischer Tradition absehen will. Dieses Buch gehört, viel bewundert und wenig gelesen, zu den Zeugnissen deutscher Literatur in diesem Jahrhundert, die bleiben werden. Seine Texte sind hervorgetrieben – wie das Leben der Nelly Sachs gezeichnet ist – von extremen Erfahrungen mit Liebe und Tod, oder sollte ich sagen: Mord. Eine Liebe des sehr jungen, wie man immer sagt: »behüteten« jüdischen Mädchens, die nicht gelebt werden kann, die sie an den Rand der Selbstvernichtung bringt, ihr innerstes Geheimnis bleibt und sie bis zu ihrem Tod schicksalhaft begleitet. Der Mann, den sie liebt, wird von den Nationalsozialisten ermordet. Entsetzen, Schmerz, Trauer um den »toten Bräutigam« werden zu einer der Quellen ihrer Dichtung.

Auch dir, du mein Geliebter,
Haben zwei Hände, zum Darreichen geboren,
Die Schuhe abgerissen,
Bevor sie dich töteten.

Eine Konkretheit, die ihr aus den Berichten der Opfer zuwächst, schwer zu ertragen. Die Nächte sich vorzustellen, in der winzigen Wohnung in Stockholm, in die sie und die Mutter mit knapper Not vor den Verfolgern gerettet wurden, die Nächte, in denen sie die Stimmen der Toten hört: »Wir von der schwarzen Sonne der Angst / Wie Siebe Zerstochenen« – und die Stimmen der Geretteten:

Wir Geretteten,
Aus deren hohlem Gebein der Tod schon seine Flöten schnitt,
An deren Sehnen der Tod schon seinen Bogen strich –
Unsere Leiber klagen noch nach
Mit ihrer verstümmelten Musik.
Wir Geretteten,
Immer noch hängen die Schlingen für unsere Hälse gedreht
Vor uns in der blauen Luft –
Immer noch füllen sich die Stundenuhren mit unserem tropfenden Blut

Unter diesen Zeilen schmilzt die Zeit, fünf Jahrzehnte verflüchtigen sich, eine Stimme sagt, nicht anklagend, nüchtern:

Ihr Zuschauenden
Unter deren Blicken getötet wurde.
Wie man auch einen Blick im Rücken fühlt,
So fühlt ihr an euerm Leibe
Die Blicke der Toten.

Dieser Blick, in dem die Blicke aller Verfolgten sich sammeln, wie in einer Linse oder wie in einem Brennglas – ja: brennend –, durchdringt, oder wie soll ich es sonst nennen: begleitet, färbt meine Tage und Nächte. Auch die Träume. Er nimmt mich mit.

Heute hing die Hindin Mensch
   an unseren Zweigen
gestern färbte das Reh die Weide
   mit Rosen um unseren Stamm

... da sehe ich das Bild der Frida Kahlo, »Das verwundete Wild«, ein verfolgtes Reh, von Pfeilen durchbohrt, mit Menschenantlitz, das uns unverwandt anblickt.

Wo leben wir? Wie leben wir? Was ist heute human? Ich

kann es nicht Zufall nennen, daß ich in diesen Wochen einmal – unbeabsichtigt, aber nicht zufällig –, einem Straßenschild in Polen folgend, vor dem Lagertor des Konzentrationslagers Groß Rosen stehe. Durch dieses Tor mußten auch Menschen gehen, die mir nahe sind. Ich weiß, ich werde es nicht vergessen können. »Trostlos« wäre das Wort, aber ich verbiete mir Worte. Nun muß ich jedesmal, wenn mein Blick auf die große Abbildung des Löwentors von Mykene fällt, die meinem Arbeitsplatz gegenüber hängt, dieses Tor eines Konzentrationslagers mitsehen. Die Opfer, Mensch und Tier, durch wie viele Tore, zu wie vielen Schlachtstätten getrieben in der mehr als zweitausendjährigen Geschichte des Abendlandes? Und zu welchen Steigerungen ist unser Jahrhundert fähig gewesen. Eine banale Feststellung, und doch zieht sie die Frage nach sich: Warum?

Welche geheimen Wünsche des Blutes,
Träume des Wahnes und tausendfach
Gemordetes Erdreich
Ließen den schrecklichen Marionettenspieler entstehen?

Und welche Risse in unserer Zivilisation, welche Schwachstellen ließen das archaische, barbarische Bedürfnis nach Rausch, nach Verführtwerden, Unterwerfung, Kannibalismus wie eine Schlammwelle die Gehirne so vieler Deutscher überspülen? Darunter auch viele Gehirne derer, die sich etwas darauf zugute hielten, einer Kulturnation anzugehören, in einem Land zu leben, in dessen Schulen die Texte der Aufklärer Prüfungsstoff waren. Woher diese Lust, ins Marionettenhafte zurückzufallen? Die Verantwortung für das, was man dachte und tat, abzuwerfen?

Nelly Sachs lesend, bedrängen mich scheinbar unangebrachte, unpassende Assoziationen, als habe eine Schleuse sich geöffnet, und darunter klopft die Frage: Was ist, was wäre heute human? Die Lehrerin, höre ich, die vor wenigen Tagen in Meißen von einem ihrer Schüler »aus Haß« erstochen wurde, hatte mit ihrer Klasse gerade über den Fall der Mauer gesprochen, als ihr Mörder hereinkam, es war ja der neunte November, die Wiederkehr des Tages, an dem vor zehn Jahren ein überschäumendes Gefühl von Menschenmassen eben *nicht* in Haß und Gewalt geendet hatte, und ich frage mich, ob der vierte November, an dem Vernunft, gepaart mit Mut, Freude, Erleichterung, Entschlossenheit, Humor auf den Straßen von Berlin demonstrierte, diesen Verzicht auf Gewalt auch auf seiten der Grenzschützer mit vorbereiten half. An die Gewalt, die einundfünfzig Jahre vorher auch in der Nacht eines neunten November, der sogenannten »Reichskristallnacht«, deutschen Juden angetan wurde, hat da kaum jemand gedacht, und auch jetzt, während alle Medien sich – wenn auch manchmal mit einer bezeichnenden Verschiebung der historischen Akzente – überbordend an den Fall der Mauer erinnern, finde ich wenige Beiträge über die Pogromnacht des neunten November 1938.

Gehört das hierher? In dem Schindler-Film von Steven Spielberg, den ich am Abend im Fernsehen sehe, stellt Schindler seinem jüdischen Buchhalter Stern angesichts der bevorstehenden Deportation der Juden aus dem Ghetto eine »Sonderbehandlung« durch die SS in Aussicht, und als dieser sarkastisch auf dieses Schreckenswort reagiert, versucht er ihn mit dem scheinbar um so vieles tröstlicheren Wort »Vorzugsbehandlung« zu beschwichtigen, das aber den so Ausgezeichneten keineswegs beruhigen kann. Da fragt Schindler ihn irritiert: Müssen wir eine ganz neue Sprache erfinden?, und Stern antwortet: Ich glaub schon. (Das Foto von tschetschenischen Flüchtlingen, Frauen und Kindern, das ich am nächsten Tag in der Zeitung sehe, könnte aus dem Schindler-Film sein.)

Nelly Sachs hat eine solche Sprache geschaffen, sie hatte die Kraft und den Mut, das Nicht-mehr-Sagbare doch in die Sprache zu holen.

Da schrieb der Schreiber des Sohar
und öffnete der Worte Adernetz
und führte Blut von den Gestirnen ein,
die kreisten unsichtbar, und nur
von Sehnsucht angezündet

Nelly Sachs lesend, frage ich mich: Müßten wir nicht damit anfangen, eine Liste der verlorenen Wörter anzulegen, so wie Naturforscher Listen der aussterbenden Arten angelegt haben, die täglich länger werden? Und ist es abwegig, zu vermuten, daß die sterbenden Wörter etwas mit den ausgestorbenen Tieren und Pflanzen zu tun haben? Weil wir geduldet haben, daß ein Wort wie »Ehrfurcht« uns fremd geworden ist, ausgesondert, überflüssig, peinlich, bleibt eine Gefühlsstelle in uns taub, wenn wir Mitlebendes ausmerzen. In den Dichtungen der Nelly Sachs, wenn wir ihnen Zeile für Zeile nachspürten, würden wir so manches überholte Wort auffinden, doch würden wir diese Wörter nicht wieder zurückbringen können in unseren Sprachgebrauch, die Denk- und Fühlweisen unserem Alltagsleben nicht wieder einpflanzen können, die diese Wörter einst bezeichneten. »Es springt / dieses Jahrhundert / aus seinem abgeschuppten Todkalender« und reißt in seinem Sprung vieles mit sich, was es für unnütz hält und was wir erst wieder vermissen, worum wir vielleicht trauern werden, wenn es uns gelingen sollte, uns aus der Hypnose der neuen Heilslehre zu befreien, die uns einflustert: Es geht uns gut; es geht uns jeden Tag besser!, und wenn wir uns auch aus dem Weichbild der überwältigenden Ablenkungsindustrie herausretten könnten, die auf diesem Satz aufbaut, sich durch ihn rechtfertigt und ihm, indem sie die Einschaltquoten als Maßstab für unsere wahren Bedürfnisse vorweisen kann, die Weihen unantastbarer Gültigkeit verleiht, während sie unsere Sensibilität allmählich abtötet.

Was wäre heute human? Nelly Sachs merkt zu einem ihrer

szenischen Texte an: »Das Ganze gehüllt in den Alptraum einer Henkerzeit – unserer Zeit – wo der zum Untier herabgesunkene Mensch, aber auch der gutartige Durchschnittsmensch fortlaufend Böses muß gebären.« »Was mich tötet, zu gebären«, so sagt es eine ihrer Vorfahrinnen, Karoline von Günderrode, aber da fängt doch erst das vorige Jahrhundert an, woher schon diese verzweifelten Ahnungen. Einmal schreibt Nelly Sachs in einem Brief über ihre Texte: »Es ist dies alles so fremd für die meisten – aber ich muß doch, wie ich muß.« Sie spricht von der »Notwendigkeit des Geschriebenen« und kennzeichnet so vollkommen ihr eigenes Schreiben. Sie darf sagen: »Der Tod ist mein Lehrmeister gewesen. Meine Metaphern sind meine Wunden.« In ihren dunklen Nächten sind dieser Frau die Augen aufgerissen worden, sie mußte *sehen.* Sie sah die Spur der Opferfeuer, die durch die Geschichte der Menschheit brennen, sah die Feuer der Scheiterhaufen münden in den Verbrennungsöfen von Auschwitz. »Der Mensch, das unentwirrbare Universum mit blutdurchlaufenen Sternstraßen, wird immer schuldig werden; das ist seine Tragik auf Erden. Warum? Darum!« Betroffener als sie könnte niemand fragen, warum wir Sündenböcke brauchen. Sie sieht den unendlichen Zug der Opfer – auch der Tieropfer! –, und sie wendet den Blick nicht von den Henkern. Ihr Denken umkreist »jene furchtbarste Frage, eine der Kernfragen der Menschheit... Warum es des Bösen bedarf, um den Heiligen, den Märtyrer zu schaffen.« Also bedürfte es auch nicht des Heiligen, gäbe es das Böse nicht? Mit dem Helden ist sie ohnehin fertig: »Was ist ein Held? Ein Töter!«

Sie bewegt sich nicht nur am Rand, sie bewegt sich außerhalb der Übereinkünfte, in denen die meisten sich eingerichtet haben, um einigermaßen unangefochten leben zu können, mit einer Radikalität, die immer wieder in einzelnen Formulierungen auch aus ihren meist in inständig freundschaftlichem, liebevollem Ton gehaltenen Briefen herausschlägt –

immer dann, wenn es um das Wesentliche geht, um die »Botschaft« ihres Werkes, hinter dem sie gern »verschwinden«, »anonym bleiben« will. »Aller weltlicher Erfolg ist mir gleichgültig – Die Botschaft soll hervorkommen. ... Eine Botschaft aus Göttlichem, aus Versöhnung.«

Nelly Sachs will nicht mehr und nicht weniger als ein Ende des »Götzendienstes«, des Tanzes um das Goldene Kalb, der in seinem immer schneller werdenden schwindelerregenden Wirbel jene Fliehkraft zu den Rändern hin erzeugt und ein Vakuum, eine Leere in der Mitte. »Dieses plastikbelegte Zeitalter«, sagt ein Bettler, der kein Almosen mehr bekommt, in einer ihrer szenischen Dichtungen. Da ist eine Nina, die Nelly Sachs schon 1955 als Opfer des Anpassungswahns sieht: »Leichter werden, leichter werden.« »Nicht herausfallen / Fernsehen – Auto – Standard.« Sie geht zugrunde, an Liebesmangel, an Liebesunfähigkeit. »Nein, ohne Liebe geht's nicht.« Man glaubt den Kampf zu spüren, den die Verzweiflung mit der Hoffnung kämpft, auch in der Dichterin, die sich nicht ergeben will – ein Kampf, der ihr Geist und Seele oft bis zur Erschöpfung überanstrengt. Dann wähnt sie sich wieder verfolgt und ausgeliefert.

Sie weiß etwas, was sie lieber nicht wissen möchte. Das Skandalon, dem wir auf dem Grund der Dichtung der Nelly Sachs begegnen, ist: Den totalen unüberbrückbaren Gegensatz zwischen Auschwitz und unserer Zeit, das absolut Andere – es gibt sie nicht. Wenn wir es uns glauben machen, betrügen wir uns selbst. Nelly Sachs, geschlagen mit dem absoluten Gehör für die beinahe unhörbaren Geräusche, mit denen der stolze Bau einer Kultur, einer Zivilisation erste Signale von seinen störanfälligen Punkten sendet – das berüchtigte Knistern im Gebälk –, sie kann nicht anders, als tief beunruhigt weiterzugeben, was sie vernimmt: daß die »Leidensgeschichte der Erde« nicht zu Ende ist.

»Die Welt ist schlimm. Alle Hoffnung, die wir hatten, fliegt fort«, schreibt sie im Dezember 1968. Aber es geht nicht nur um Einmärsche und Kriege, ihr ganzes Lebensgefühl widersteht dem »Uns-geht-es-doch-gut«-Verdikt, diesem Inselgefühl der wenigen reichen Länder auf der Welt.

Die Mittel, den Reichtum zu steigern und zu verteidigen, haben sich seit dem Tod der Nelly Sachs phantastisch vermehrt, auch verändert, doch sie wäre wohl imstande, hinter der postmodernen Verkleidung Denkmodelle wiederzuerkennen, die vorsorglich wiederaufgegriffen, entwickelt und bereitgestellt werden, für den Fall, daß es ernst wird mit dem Verteilungskampf der Güter dieser Erde, die nun mal nicht für alle reichen, wenn »alle« immer mehr werden und nicht hungern und nicht frieren oder gar in Wohlstand leben wollen wie wir: Daß, zum Beispiel, bestimmte Kulturen und ihre Lebensweise der anderer Kulturen überlegen sind und daher wert, sich maßstabsetzend über den Erdball zu verbreiten; daß es erfolgreiche und weniger erfolgreiche Menschenarten gibt und die ersteren überleben werden, wie schon Darwin es für das Tierreich beschrieben hat; daß, eben damit es den Gesunden gut und immer besser geht, eine Selektion unwerten Lebens stattfinden kann, vor der Geburt, oder, etwa durch Vernachlässigung Behinderter, auch nach der Geburt; daß das Wachstum der Produktion und die Gewinne der Wirtschaft Priorität haben vor allem, was sonst in der Gesellschaft geschehen, gelebt und angestrebt werden mag, und daß da, wo das Kapital ungehemmt und unkontrolliert wirtschaftet, humane Werte ungültig sind und die Verantwortung für soziale Verhältnisse selbstverständlich außer Kraft gesetzt ist, bedauerlicherweise auch die Verantwortung für das wachsende Heer überflüssiger Menschen, das dieses Wirtschaften produziert.

Das Barbarei zu nennen, dagegen würden wir uns verwahren. Wir kommen nicht auf die Idee, daß die Löcher in der Ozonschicht unserer Erde etwas zu tun haben könnten mit den blinden Flecken unseres Bewußtseins, mit der Leere, die sich im Zentrum unserer Spaßkultur aufgetan hat und immer mehr ausbreitet. So bleibt wohl auch der Schock über die Frage des Philosophen Hans Jonas aus: Müssen wir Unmenschen werden, um die Menschheit zu retten?

Nelly Sachs lesend, bin ich nicht mehr Herr meiner Assoziationsketten. Ich frage also: Was wäre, was ist heute und hier human? Die Antwort ist kaum zu widerlegen: Wir müßten unser Leben ändern.

Daß eine solche Hoffnung chancenlos ist, hat Nelly Sachs in ihrer Hellsichtigkeit gewußt: »Die Sehnsucht, glücklich zu sein, ist eben stärker als die Sehnsucht, gut zu sein«, sagt sie, nicht zornig, scheint mir, sondern beinahe mit einem kleinen verständnisvollen Lächeln. Nun würde ja, wenn wir ihrem Satz folgen wollen, viel, eigentlich alles davon abhängen, was das für uns in Zukunft heißen kann: glücklich sein. Weiterhin nur: in aller Ruhe konsumieren; schmerzfrei sein? (Ein Verdacht, in Klammern gesetzt: Vermeiden wir es, Nelly Sachs zu lesen, weil sie unsere Ruhe stören, unsere Schmerzbetäubung durchstoßen würde? Redet sie – zwar kunstvoll, das ist nicht zu leugnen – aber für unsere Verdrängungskultur zu direkt, zu undistanziert von Verbrechen und Leid?)

Dies ist ein weites Feld, auf dem wenige so tief gegraben haben wie Nelly Sachs, wenige so freigebig ausgesät haben wie sie. Sie hat ein Vermächtnis hinterlassen, das wir nicht aufzehren können, einen Reichtum, der zunimmt, je mehr wir von ihm Gebrauch machen. Verfolgt, vertrieben, jahrzehntelang in Armut, hat sie ihre Dichtungen geschrieben. Sie gehen uns an.

In meiner Kammer
wo mein Bett steht
ein Tisch ein Stuhl
der Küchenherd
kniet das Universum wie überall

um erlöst zu werden
von der Unsichtbarkeit –
Ich mache einen Strich
Schreibe das Alphabet
...

Ich danke Ihnen für diesen Preis.

1999

Vom freien Willen gegen Verführung

Hermann Sinsheimer/»Deutscher und Jude«

In der Novelle »Al Rondo«, 1932 im Paul Zsolnay Verlag erschienen, eines der wenigen belletristischen Werke von Hermann Sinsheimer, die antiquarisch zu bekommen sind, beschreibt Sinsheimer sehr genau die dramatische Situation zweiter Protagonisten, die mich an das Grundmotiv in Thomas Manns Novelle »Mario und der Zauberer« erinnert: Ein biederer Bürger, Ernst Leihkauf, Subdirektor des Kreditversicherungsinstitutes »Credo« (das »sein Ansehen auch in den trübsten Zeiten zu wahren gewußt hat«), wird unversehens durch die Wiederbegegnung mit einem Kindheits- und Jugendfreund, der in seiner Stadt als berühmter Varietékünstler auftritt, in den Grundfesten seines mühsam aufgerichteten Selbstbewußtseins erschüttert. Wie bei Thomas Mann einzelne Glieder aus dem Publikum, am Ende ein ganzer Saal den verführerischen Manipulationen des Zauberers verfällt, gelingt es »Al Rondo«, einem hochbestaunten Zahlengenie, mit bürgerlichem Namen Fritz Kaßner, seinen alten Freund-Feind Ernst Leihkauf, der – als »mittelgroßes Tier« – ein liebeleeres, gewöhnliches Kleinbürgerleben führt, mit scheinbar magischen Kräften in den Bann seines Nihilismus zu ziehen: Er selbst, liebes- und fühlunfähig, von dem sinnlosen Zahlenunwesen in seinem Kopf gequält, braucht diese perverse Macht über andere, um seiner verzweifelten inneren Leere wenigstens zeitweise zu entkommen. Ernst Leihkauf aber, der Subdirektor, findet nach einer »satanischen Nacht«, in der Al Rondo ihm sein einziges wahres Gefühl, die Liebe zu einer Frau, zerstört, schon Tage später einen »bequemen Ersatz« in einem gutgebauten, blonden Bufettfräulein, mit dem er, sich einen deutschen

Sehnsuchtstraum erfüllend, zu einer Reise in den Süden aufbricht.

Klischee- und Kolportageelemente werden in dieser Novelle vom Autor als unverzichtbare Stützen für die schwachen Charaktere der Protagonisten gekennzeichnet. Mich haben die Nähe zu Thomas Manns Novelle, die 1930 erschien, und die Fast-Übereinstimmung mit dem Erscheinungsdatum von »Al Rondo« fasziniert: 1932. Ein Jahr später schon muß der liberale jüdische Redakteur Hermann Sinsheimer seinen Posten als Feuilletonredakteur beim »Berliner Tageblatt« aufgeben: Große Teile jener so selbstunsicheren Kleinbürger sind den Verführungskünsten eines bösen Zauberers erlegen, der seinen Stab über die in der Wirtschaftskrise verarmten, zu Widerstand unfähigen Massen schwingt und Vernunft und Realitätssinn in einem Größen-Rausch hinwegfegt. Als Hermann Sinsheimer seine Novelle schrieb, hat er Signale wiedergegeben, die er aus seiner Umgebung empfangen haben muß – so wie Thomas Mann, nur zwei Jahre zuvor, in Italien allerdings, die Unterwerfung eines Badepublikums (»bürgerliches Kroppzeug«) unter die aggressive Bedrängung durch einen Hypnotiseur erlebte. Das Thema lag, wie man sagt, in der Luft, und es ist Sache der Literatur, sich seiner anzunehmen, seismographisch empfindlich auf noch untergründige Reize zu reagieren. Da muß, bei Sinsheimer, kein politisches Wort, kein Name eines Politikers oder einer Partei fallen. Da ist, beklemmend genug, eine Atmosphäre eingefangen, in der eine gewisse Politik, eine irrationale »Bewegung« gedeihen kann. Da ist das Psychogramm einer sozialen Schicht gezeichnet, die historisch nicht die Chance bekommen hat, ein stabiles Selbstbewußtsein zu entwickeln, und daher anfällig ist für Realitätsverleugnung – eine Krankheit, die, wie wir wissen, besonders resistent ist gegenüber Heilungsversuchen, denn die Konfrontation mit der Wirklichkeit, die Forderung, sich nüchtern den Tatsachen zu stellen, versetzt die von ihr Befallenen in eine Art Angstschock, vor dem sie fliehen: In den Süden, zum Beispiel. Vor die Fernsehröhre, zum Beispiel. In den Konsumrausch. In die Krankheit. In Lebenslügen. In Drogen. In gewaltbereite Gruppen. Diese unsere Gesellschaft zeigt sich erfinderisch in dem Angebot von Flucht-Orten.

Thomas Mann läßt den unsäglichen Cipolla sein Auditorium mehrmals mit völkischen Parolen und mit dem Römischen Gruß traktieren. Er liefert auch aufgeblasene pseudophilosophische Phrasen zum gefälligen Gebrauch: »Die Freiheit existiert, und auch der Wille existiert; aber die Willensfreiheit existiert nicht« – was er schlagend beweist, indem er den ganzen Saal tanzen läßt. Bei Sinsheimer ist es nur der eine, Leihkauf, der sich der destruktiven Suggestion des Al Rondo nicht erwehren kann, der sich allerdings – und dies ist eine bezeichnende Verbindung zu dem gefährlicheren Cipolla – selbstmitleidig als eigentliches Opfer sieht und nichts mehr ersehnt als das einzige, das ihm ein für allemal versagt ist: zu lieben und geliebt zu werden.

So sind die beiden – Al Rondo und Leihkauf – verschiedene Ausformungen eines Sozialtyps, die einander bedingen und in ihrer eigenen Lebensunfähigkeit den je anderen brauchen, um einen gewissen inneren Mechanismus, der ihnen ein Gefühl von Pseudoleben gibt, am Laufen zu halten. Bald wird ein weit größerer Magier kommen und diesen Mechanismus auf seine Wellenlänge einstellen, und Tausende, nein: Millionen werden ihre Arme zum Römischen und zum Deutschen Gruß hochreißen und werden erleichtert ihre Entscheidungen, immer mehr auch ihre Gewissensentscheidungen auf einen Führer übertragen. Die anderen aber, die auf der Autonomie des Individuums, auf einer nüchternen Auseinandersetzung mit den Widersprüchen in den wirklichen Verhältnissen bestehen, die es nicht lassen können, sich weiterhin auf Aufklärung und Vernunft und Humanität zu berufen, werden mundtot gemacht, verfolgt, gefoltert, eingekerkert oder haben das Land zu verlassen. Noch können auch sie sich den Massenmord nicht vorstellen, der wenige Jahre später von Deutschen an Millionen von Juden verübt werden wird und den die Historiker mit Recht einen »Zivilisationsbruch« nennen: Den Absturz einer Zivilisation in die Barbarei.

Hermann Sinsheimer gehörte zu den anderen, zu Mühsam, Tucholsky, Heinrich und Thomas Mann, zu Wedekind, Roda Roda, diesen liberalen Intellektuellen der Weimarer Republik. 1931 hatte er im »Berliner Tageblatt« einen Artikel geschrieben unter der Überschrift: »Der Dr. Goes«: Ein »politischer Heldensänger«. »Er war ein kleiner Schreihals, und blieb es.« Jedermann mußte in diesem sarkastischen Porträt ein kaum karikiertes Abbild des Dr. Goebbels erkennen... »Die anderen schlugen zu, er aber erfand sich als Waffe das Schlagwort. Die Sprache ballte sich in seinem Mund, sie vertrat die Rolle der Faust.« »Es war gerade nach derartigen schlagenden Worten eine große Nachfrage, die beiden« (Dr. Goes und sein Führer) »lieferten sie. ... Da machten sie zuerst volle Versammlungshäuser, dann volle Kassen, und zuletzt sogar volle Wahlurnen.« So etwas vergißt man einem Schreiber nicht.

Obwohl auch er also »einigen Grund gehabt hätte, sich vor den neuen Machthabern zu fürchten«, blieb Hermann Sinsheimer vorerst in Deutschland. »Ich konnte nicht und noch weniger wollte ich glauben, daß Hitler ein so gut wie unverwehrter Vormarsch über alle Stämme und Stände der Deutschen hinweg gestattet wäre. Ich wartete und vertraute auf Widerstand, wenn man sich erstmal die diversen Dachziegel aus dem Kopf gezogen hätte. Ich wartete und vertraute leider vergebens.«

Er, der sich »mit allen Wassern des Deutschtums getauft« fühlen durfte, beginnt ein intensives Studium der jüdischen Geschichte, fühlt sich vom Zionismus »mächtig angezogen« und wird regelmäßiger Mitarbeiter jüdischer Zeitungen, solange es sie noch gibt. Während der »Lebens- und Bewegungsraum für die deutschen Juden immer enger« wird, findet Hermann Sinsheimer seinen »Weg ins Freie, der ein Weg in den jüdischen Humanismus war, ohne einer aus dem deutschen und dem europäischen Humanismus heraus zu werden«. Und er appelliert an die Leser seiner Aufsätze: »Die Devise muß für den einzelnen lauten: Wieder hinauf und empor zum Judentum!« – Er scheint zu glauben, daß dieser enge Zusammenschluß für die deutschen Juden eine Art Schutzwall sein könnte: »Der Zaun, der heute schützend das Judentum zu umgeben hat, ist die unbedingte Treue zum Judentum als Volk.« – 1938, kurz ehe jede Hoffnung auf irgendeine Art von Schutz für die deutschen Juden zusammenbricht, verläßt Hermann Sinsheimer Deutschland und geht in die englische Emigration.

Nach dem Krieg spricht er zu deutschen Kriegsgefangenen, denen er großmütig und mit viel Verständnis gegenübertritt. Keine Spur von Vergeltungsbedürfnis. Im Gegenteil: Er versucht ihr Selbstgefühl aufzurichten, ihnen sogar etwas wie Stolz zu vermitteln, Hoffnung darauf, daß das »deutsche Schicksal zuguterletzt« »durch das deutsche Volk selbst« entschieden werde, »also auch durch jeden einzelnen unter euch«.

Gleich nach dem Krieg nimmt er seine Verbindung zu seinem Geburtsort Freinsheim wieder auf, schreibt an eine Schulfreundin, er lebe in London und sei »über Krankheit, Heimweh und einen Berg Schwierigkeiten hinweg – ein – daß Gott erbarm'! – englischer Schriftsteller« geworden. »Und bin doch Freinsheim so nahe geblieben, als hätt ich es gestern erst verlassen.«

Mit großem Recht erinnern Sie sich, die heutigen Freinsheimer, die ihn persönlich nicht mehr kennen, an diesen Mann, und ich bin Ihnen dankbar, daß mir durch diesen Preis die Bekanntschaft mit ihm möglich wurde. Wie hat er seine Heimat, Freinsheim, geliebt! »Die Größe des Unglücks, kein Freinsheimer, kein Pfälzer, kein Deutscher zu sein, war für mich damals überhaupt nicht zu ermessen«, schreibt er in den anschaulichen Skizzen über seine Kindheit. Gleichzeitig versenkt er sich, schon damals, in die Geschichte des jüdischen Volkes: »Alle Schmerzen und Qualen meines Volkes stürmten aus den Jahrhunderten auf mich ein, wühlten mich auf und erdrückten mich.« Es erscheint ihm als Glück, »ein Deutscher und ein Jude« zu sein, beides mit ganzem Herzen. »Ich grüße den Rhein, die Hügel, die Wälder, die Steine meiner Heimat und lache.« Dies schreibt er 1920, da ist er siebenunddreißig Jahre alt, und eine arbeitsreiche, erfolgreiche, seine wahrscheinlich fruchtbarste Zeit liegt vor ihm: als Journalist, Theaterleiter, Chefredakteur des »Simplicissimus«. Wie so viele seiner Generation und seiner Überzeugungen geht er den argen Weg der Erkenntnis. Seiner Freinsheimer Freundin schreibt er 1948, nach der Lektüre einiger Bücher über den deutschen Widerstand: Er fühlte sich »von der Menschheit ganzem Jammer angepackt, da ich sah, wie viele das Unheil in seiner ganzen Ausdehnung von 33 an witterten und wie wenige bereit waren, etwas dagegen zu tun«. Und später: »Freinsheim schreitet mit der Welt fort... und wenn beide weit genug fortgeschritten sind, kommt ein neuer Schlamassel und setzt dem Fortschritt und den Fortgeschrittenen eine neue Dornenkrone auf. Diese ewige Wiederkehr und diesen Refrain haben wir in unserem Leben gelernt und lassen uns nichts anderes weismachen.«

Damit soll ich schließen? Mir drängt sich die Frage auf, wie ein Mann wie Hermann Sinsheimer uns noch weiter Fortgeschrittene, geradezu Fortschrittsbesessene, unser Zusammenleben in der parlamentarischen Demokratie, unsere Gesellschaft sehen würde – mit seinem skeptischen Blick. Wo müßte er Realitätsverleugnung feststellen, wo müßte also seine Sorge ansetzen? Scharlatane und Volksverführer haben, anders als gegen Ende der Weimarer Republik, keine Konjunktur. Doch kann man bei den Massen der Bevölkerung sicher nicht von einer Lust an der Demokratie, an der Mitwirkung an den verschiedenen Angeboten der Zivilgesellschaft, an der bewußten Wahrnehmung ihrer Rechte und Pflichten als Bürger sprechen, wohl aber von Politikverdrossenheit, von Parteienmüdigkeit, von Mißtrauen gegenüber den verantwortlichen Politikern. Ich glaube, sehr viele in diesem Land spüren oder wissen, daß bestimmte wichtige Verlautbarungen, Beschwörungen und Maßnahmen der Regierenden, auf die Arbeitslosigkeit, das dringlichste Problem dieser Republik bezogen, von Täuschung oder Selbsttäuschung diktiert werden: Von der Annahme nämlich, daß die meisten der jetzt über fünf Millionen Arbeitslosen wieder in den Arbeitsprozeß einzugliedern sind. Viele von diesen aber empfinden sich als überflüssige Menschen, und gemessen an der Werteskala, die an ein Mitglied der Arbeitsgesellschaft gelegt wird, haben sie ja recht. Niemand hat den Mut, ihnen zu sagen, daß im Computerzeitalter auf Dauer herkömmliche Arbeitsplätze in großer Zahl vernichtet werden. Kein Politiker hat die Weitsicht, aus der Einsicht in diese Tatsache neue Projekte für eine Bürgergesellschaft zu entwerfen, welche die Menschen nicht an ihrer Stellung im Arbeitsprozeß messen und ihr Selbstbewußtsein durch sinnvolle Tätigkeit befördern würde. Das wäre ein großes, umwälzendes Projekt. Aber von einer Lebenslüge zu zehren erzeugt auf Dauer eine innere Leere, bei dem einzelnen und bei einer Gesellschaft. In diese Leere strömen Pseudorettungsideen ein, scheinbar entlastende historische Lügen, aggressive Dumpfheiten, gefährliche Vorurteile, gegen die Menschen anfällig sind, die ihrer selbst und ihrer Stellung in der Gesellschaft nicht sicher sein können: Genau dies erleben wir gerade, und darin sehe ich einen Berührungspunkt mit Sinsheimers Novelle »Al Rondo«, so unterschiedlich die Zustände damals und heute sonst auch sind. Von daher müssen wir, gehalten, unsere Erfahrungen aus dem vorigen Jahrhundert nicht zu verdrängen, uns ernste Sorgen machen um eine fortschreitende Aushöhlung der Demokratie: dadurch, daß größere

Teile der Bevölkerung sich enttäuscht von ihr abwenden. Es ist mir ein Anliegen, vor einer noch längeren Verleugnung des Problems zu warnen. Und es scheint mir nicht zu weit hergeholt, sondern im Gegenteil angebracht, dies anläßlich einer Erinnerungsstunde zu Ehren von Hermann Sinsheimer zu tun.

Ich danke der Jury herzlich für die Verleihung dieses Preises.

2005

Plusquamfutur II

Erinnerte Zukunft bei Volker Braun

Allzu nüchternen Zeiten mit surrealen Texten auf die Sprünge helfen – gut, das ist ausprobiert, bekannt und, nach einer Zeit der Irritation, unter dem Stichwort »klassisch« von dem mit kräftigen Kiefern mahlenden Literaturbetrieb zerkleinert und geschluckt. »Avantgardismus«, ein wenig verwelkt, was nicht Schuld der Autoren ist. Überhaupt »Schuld« – das Wort ist unterlaufen, ein wenig zu früh, ich lasse es einfach stehen. Aber was soll der realistische Autor – als solcher versteht Braun sich doch – machen, wenn die Zeiten, in denen er nun mal lebt, sich höchst surrealistisch gebärden, und der Autor steht MIT SPITZEM FUSS AUF DEM WELTRISS, UND KEIN SCHUSS FÄLLT. Weil nämlich die Zeitschollen ein Eigenleben entwickeln, voneinander wegdriften – der Autor mit je einem Beine auf je einer Halt suchend – oder sich, im Gegenteil, übereinanderschieben, wobei die eine nicht umhin kann, unterzutauchen, die andere dafür deutlicher, sichtbarer zu werden und sich als alleinige Wirklichkeit zu präsentieren. WIE KONNTE MAN ABER WISSEN, WAS JETZT WIRKLICH WAR? Der ewige Kummer des Erzählers ist es ja, daß er, was gleichzeitig geschieht, in geschichtlichen Sekundenbruchteilen, nicht gleichzeitig erzählen kann, er braucht für seine Hervorbringungen (ein Behelfswort, in diesem Zusammenhang!) die Ausdehnung in der Zeit und das Material, den STOFF ZUM LEBEN, das ist ihm nur allzu bewußt, weswegen er Wert darauf legt, seine TEXTE IN ZEITLICHER FOLGE darzubieten, und so liegen sie in zehn Bänden auf meinem Schreibtisch, umgeben von allerlei Einzelbändchen, LUSTGARTEN PREUSSEN, DER WENDEHALS, DIE VIER WERKZEUGMACHER, TUMULUS, um nur einige der letzten zu nennen, kaum bleibt Platz für dieses Blatt, auf dem ich schreibe, mein Tisch quillt über von seinem Werk. Ein Werk, ja! Das sich der Zeit ausgesetzt hat wie kaum eines, und ebendeshalb bleibt. Was er wie wohl jeder Autor, der sein Ziel hoch gesteckt hat, andauernd bitterlich bezweifelt.

Ich aber kann seine Bücher nicht alle noch einmal durchblättern, ich darf mich nicht festlesen, ich habe einen Termin, der rückt immer näher, ich zähle die Frist bis zu ihm hin nach Tagen, unmöglich, noch zu schaffen, was ich am liebsten täte (aber hätte ich das überhaupt »schaffen« können?): die Spur nachzeichnen, die Volker Braun mit seinen Texten wie kein zweiter, behaupte ich, in den letzten zehn Jahren in seinen, unseren Lebensstoff eingeritzt, eingegraben hat, sich selbst und uns REDE UND ANTWORT stehend ÜBER DIE ROLLE, DIE JEDER VON UNS SPIELTE, SEIT WIR UNS TRENNTEN IN DEM GROSSEN BOGEN ZEIT, auf den der Autor gespannt war, von den frühen siebziger Jahren:

Zu den verstreuten, tätigen
Gefährten, wer es auch sei, muß ich kommen, und nie
Verlassen den großen Kreis

Und was ich beginne, mit ihnen
Bin ich erst ich
Und kann leben, und fühle wieder
Mich selber in meiner Brust.

und, AN FRIEDRICH HÖLDERLIN gerichtet, die fast frivolen Verse:

Dein Eigentum auch, Bodenloser
Dein Asyl, das du bebautest
Mit schattenden Bäumen und Wein
Ist volkseigen;

Über den 11. Oktober 1989 (welche Voraussicht!):

Der Planwagen der Händlerin
Und der Eisenwagen der Genossen
Stoßen aufeinander. Was für alte
Fahrzeuge, die nicht wenden können! Ihre sichtbare
Schwierigkeit macht uns Mut
Zu einer andern Bewegung. Eröffnen wir
Auch das Gespräch
Über die Wende im Land.

bis hin zu den Zeilen von 90/91, da der EISENWAGEN DER GENOSSEN sich als unfähig zur Wende/Veränderung erwiesen, der PLANWAGEN DER HÄNDLERIN sich längst in den hocheffektiven Supermarkt verwandelt hatte:

DAS EIGENTUM

Da bin ich noch: mein Land geht in den Westen.
KRIEG DEN HÜTTEN FRIEDE DEN PALÄSTEN.
Ich selber habe ihm den Tritt versetzt.
Es wirft sich weg und seine magre Zierde.
Dem Winter folgt der Sommer der Begierde.

Und ich kann *bleiben wo der Pfeffer wächst*.
Und unverständlich wird mein ganzer Text.
Was ich niemals besaß, wird mir entrissen.
Was ich nicht lebte, werd ich ewig missen.
Die Hoffnung lag im Weg wie eine Falle.
Mein Eigentum, jetzt habt ihrs auf der Kralle.
Wann sag ich wieder *mein* und meine alle.

So dringen die Zeiten ineinander, in derselben Person DER WECHSEL DER ZEITEN EINE ALTLAST, eben noch, vor kleinen zehn, fünfzehn Jahren, hat der Autor, bei der Einweihung des Palasts der Republik, vorgeschlagen, diesen mit einem weithin sichtbaren Spruchband zu zieren: FRIEDE DEN

Hütten; Krieg den Palästen, nun kann, nein: muß er die uralte Zeile, umgedreht, in den neuen Zusammenhang stellen, wo sie auch ihre Arbeit tut, verkehrte Welt die Wirklichkeit selber arbeitet die Texte um, man muss ihr folgen, um realistisch zu bleiben, und der Autor springt auf die Zeit vorrücktwärts gewagter kühner Akt es ist eine ernste Zeit des eben möglich Werdens und gerade Vertuns die Geschichte nutzen als Treibsatz für seine Produktion, was auch heißt, keine Geschichten machen können. Oder doch? Von der ewig Unvollendeten, sich immer weiterschreibenden Geschichte soll hier nicht die Rede sein, sie gehört zu jenen Arbeiten, die ihn in die Schmerzzone der Erkenntnis trieben, wo wir zerrissen werden, wie unsere Interessen zerrissen sind. Ich rede von den vier Werkzeugmachern.

Die vier, privilegiert im DDR-Betrieb in ihrer Facharbeiter-Nische, sind im Herbst 89 nicht auf die Straße gegangen (»Sie waren, wußten sie, eine Macht, sie mußten nicht demonstrieren«), »worauf die Geschichte... sich mit ihnen einen Scherz erlaubte,... so daß sie sich bald nicht wiedererkannten und glauben mußten, nicht mehr sie selbst zu sein«.

Die Versuchung ist groß, zeilenweis zitierend lustvoll dem Braunschen Text zu folgen, wie er den vier Werkzeugmachern, besonders dem einen, Mathes, der ihr Brigadier gewesen ist, in seine geheimsten Seelenwinkel nachgeht, während der sich selbst dabei zusieht, wie »sein Leben vertauscht wird«. Wie er Widersprüchlichstes in eine Formulierung zwingt (»die fassungslos aufatmenden Wachtposten«, als der erste einfach durch die Mauer geht), wie er, vor allem, Mittel findet, nacherlebbar zu machen, wie in diesen Arbeitern zwei Arten von Entfremdung sich in einem geschichtlichen Augenblick übereinanderschieben, sich, in einem Mann, zu dessen unaussprechlicher Verwirrung durchdringen. »Wir sind

Bestarbeiter, Erfinder«, da steht er noch in der nun alten Zeit. »Bin ich ein Fremder, der sich hier verlaufen hat?... Und was, wenn wir wirklich Wichte sind?« Da nagt an ihm der Selbstzweifel, der seiner öffentlichen Entwertung in der neuen Zeit folgen muß (»Am besten, Sie verschwinden, und wir vergessen, daß es Sie gegeben hat«).

Die Demontage, der Umbau eines Menschen in einen anderen durch Arbeitslosigkeit ist wohl noch nie so eindringlich beschrieben worden wie auf diesen wenigen Seiten, auch nicht – dies ist ja mein Thema – die Rolle, welche der Zeit-Wechsel dabei spielt, der einem in den nur für ihn neuen Verhältnissen eigentlich alltäglichen Fall im Gefühl des Betroffenen eine besondere Absurdität verleiht, die in diesem Text durch den manchmal scharfen Wechsel, manchmal auch durch das Ineinanderübergehen, Ineinanderfließen von innerem Monolog und Autorenkommentar mit ausgedrückt ist. Mit seiner Frau, Luise, kommt Mathes zwar in einen Dialog, aber was ist das für ein Dialog zwischen ehemals vertrauten Leuten, die sich selber und dadurch einander todfremd geworden sind. »Man hat mein Leben vertauscht« – »Das kann gut sein«, erwidert Luise lakonisch, als sei dies ein gewöhnlicher Satz in ihrer Küche – Luise, die eher als ihr Mann entlassen wurde, eher als er begriffen hat, wie der Hase läuft, und praktische Ratschläge gibt, aber auch, im Bett, ihrem Mann einen Satz wie den zu kauen gibt: »Mancher findet sich nie wieder.... Selbstmörder oder wahnsinnig zu werden, davor ist keiner gefeit. Das ist das Normalste von der Welt.«

Man sieht die vier Werkzeugmacher dann bei der schweren Arbeit, ihre »Erinnerung auszuwechseln wie ein Straßenschild«. Die sich als »Eigentümer« gesehen hatten »von dem Eigentum«: »Jetzt haben sie uns am Arsch«, sagt der, den sie den »Fels« nennen, »und zeigen uns, daß wir kein Leben hatten«. Sie kommen zu dem Schluß: »Wir haben die Vergangenheit mit der Zukunft verwechselt.« Mathes aber ist »es unheimlich, und er glaubte zu träumen«. Er schweigt. Es ist »schon nicht mehr ihre Welt«. Dem Beamten auf dem Arbeitsamt gelten sie als die »ungeeignetsten, undankbarsten Kunden, denen vielleicht nicht einmal mit Arbeit zu helfen war. Die sich selber suchten, weil sie sonstwo geblieben waren, in verschollenen Betrieben und Verhältnissen, die sie nicht zurückwünschen konnten und doch entbehrten.« Sie hatten ja gedacht, eine »Stellung in der Gesellschaft« zu haben, »und wer das einmal geglaubt hat, hat einen Knacks weg, auch wenn es ihm später besser geht, da bleibt was zurück«. WAS ICH NICHT LEBTE, WERD ICH EWIG MISSEN.

So entsteht an der Schnittstelle der Epochen, dort, wo Langsamkeit auf Schnelligkeit trifft, ein Zeitwirbel, in den die Arbeiter hineingerissen werden, auch der Chronist, der aber seine Augen offen und den Kopf oben behält. Der die Laune, den verqueren Humor der Geschichte zu würdigen weiß, auf wessen Kosten er auch immer gehen mag. Der diesen »Fall, wie es ihn vielleicht nie in der Weltgeschichte gab«, brennend kühl zu analysieren weiß. »Wer den Schaden gemacht hat, muß auch für den Spott sorgen«, sagt er sich, und das tut er denn auch: »Daß sie nun Menschen waren, meldeten auch die Medien.« So sickert das Surreale in den nüchternen Alltag ein, nicht nur bei einzelnen: massenhaft; was E. T. A. Hoffmann in der Frühzeit des deutschen Kapitalismus in seinen Personen gefunden hat, ihre Verrücktheit, das diagnostiziert ein vielleicht unbewußter Nachfahre in dessen Spätzeit, selbstverständlich ohne jeden romantischen Beiklang, das schier unauflösliche Dilemma: die Menschheit »in ihrem fantastischen Zwiespalt, Wahnsinn Vernunft«.

Was heißt, daß hier ein Befund erhoben wird, der nicht nur für dieses kleine Land gilt, in dem die vier Werkzeugmacher gelebt haben, nicht nur für die zwei Länder, die bei ihrem vereinigenden Zusammenprall so viel absurde Energie freigesetzt haben. Dieser Autor muß sich gefragt haben (wie seine Figur), »ob er dem Mann (will sagen: dem Leser; uns) die Wahrheit sagen oder mit der Wirklichkeit kommen sollte«, und er muß sich entschieden haben, aber wozu? Mir scheint, zu jener Art Realismus, in dem die Wahrheit aus der Wirklichkeit Funken schlägt.

1999

Hans Mayer – ein großer Außenseiter

1. Ein Deutscher auf Widerruf

Daß Sie, verehrter Hans Mayer, heute hier sind, empfinde ich als noble Geste eines Mannes, der von Treue und Freundschaft immer viel gehalten hat. Für mich ist es ein symbolhafter Augenblick, mit Ihnen in dieser Zeit auf diesem Podium zusammenzutreffen.

Ein Nachdenken über Deutschland kann sehr wohl auch ein Nachdenken über Deutsche sein: in jenem konkreten Sinn, den Walter Benjamin mit seiner Briefesammlung *Deutsche Menschen* bewies, die er 1936 unter dem Pseudonym Detlef Holz in der Schweiz herausgab – reale Zeugnisse tätiger humaner Gesinnung, jenem Wüten gegenübergestellt, das zu ihm, dem Emigranten, aus dem »Reich« herüberscholl. Hans Mayer lebte wie Benjamin im Pariser Exil, sie kannten einander. Die Briefe, die Benjamin herausgab, rühren fast ausnahmslos aus dem gleichen »großen Jahrhundert« der deutschen Literatur – von 1750 bis 1850, von Lessing bis Heine also –, dem Hans Mayer später seine besondere Aufmerksamkeit zuwandte.

Exemplarisch also: Hans Mayer. Ein Deutscher auf Widerruf.

Das *unglückliche Bewußtsein* heißt jener Band mit Hans Mayers Texten über Schriftsteller des großen deutschen Jahrhunderts, er greift damit eine Hegelsche Formulierung auf. »Dem unglücklichen Bewußtsein«, hatte dieser gesagt, »entspricht eine entzweigebrochene Wirklichkeit.« Ein Satz, dem die persönliche Erfahrung aus vollem Herzen zustimmen möchte. Jedoch: Was bedeutet er zu verschiedenen Zeiten?

Das bürgerliche Selbstempfinden, unglückliches Bewußtsein seit seinen Anfängen, sei ein Symptom der folgenreichen

Spaltung besonders des deutschen Bürgers in citoyen und bourgeois, aber der bourgeois sei es gewesen, der in den realen gesellschaftlichen Kämpfen zumeist den Sieg davongetragen habe. Alle großen Schriftsteller, von Lessing bis Heine, hätten es »gewußt und benannt« als eine »geistige und seelische Wunde der Deutschen, die sich nicht schließen will«.

Hans Mayer hat es sich zu seinem Amt gemacht, den Finger auf diese Wunde zu legen und, an den Schicksalen der Dichter, zu zeigen, um welchen Preis die Deutschen versucht haben, diese Wunde loszuwerden, sich von diesem Defekt zu befreien. Ein solches Amt hat Voraussetzungen, von denen ich einige nennen möchte: persönliche Betroffenheit; eine außerordentliche Affinität für die feinsten Verschränkungen seelischer und sozialer Einwirkungen auf das Handeln, auch auf das Schreiben eines Menschen: Unerschrockenheit; denn scharf sind wir nicht gerade darauf, den Ursachen für die deutsche Misere bis zu den Wurzeln nachzugehen.

Für persönliche Betroffenheit sorgte Hans Mayers Lebenslauf. Der Weg eines Deutschen bürgerlich-jüdischer Herkunft, früh mit den besonders strengen Verhaltensregeln innerhalb der Enklave konfrontiert, die zugleich um Selbstbehauptung und um Anerkennung durch die Außenwelt kämpfen muß: der als junger Mensch, auf der Suche nach einer Alternative zu dem zerstörerischen Doppelleben, über Kurt Tucholsky und die *Weltbühne*, über Carl von Ossietzky, Ernst Bloch, Georg Lukács, »die Geschichte und das marxistische Denken« Ende der zwanziger Jahre entdeckend, zur marxistischen Studentengruppe kommt: den Riß zwischen aufklärerischem Denken und politischem Handeln, aus dem ja das unglückliche Bewußtsein der deutschen bürgerlichen Schriftsteller immer wieder entstand, für sich selbst zu schließen sucht, zum Beispiel durch sein Engagement in der sozialistischen Studentengruppe – »der ersten Gemeinschaft, die mein Leben umschloß« –, zum Beispiel als Redakteur des *Roten Kämpfers*, einer marxistischen Arbeiterzeitung; in der er beim Wiederlesen nach so vielen Jahrzehnten eine Ahnung davon findet, was hätte geschehen müssen, um das Dritte Reich zu verhindern. »Wir wußten alle, daß wir als Verlierer antraten.« Merkwürdig, um wieviel schärfer sich mir diesmal, beim dritten Lesen der zweibändigen Autobiographie von Hans Mayer, Parallelen aufdrängten, deren letzte Konsequenz ich im März 1987, als ich meinem Lehrer aus Leipziger Studententagen in der Westberliner Akademie zu seinem achtzigsten Geburtstag gratulieren durfte, noch nicht sah oder nicht wahrhaben wollte. Generationsverschoben, um die für die deutsche Geschichte wohl entscheidenden vierzig Jahre zu spät, mußten wir Ende der fünfziger, dann in den sechziger Jahren noch einmal lernen: daß »Mißtrauen gegenüber jeder Heilserwartung«, und: »daß Humanisierung ein immanenter Prozeß innerhalb der Gesellschaft sein muß«. Mir ist seit langem bewußt, welche tragischen Folgen es hatte, daß die unmittelbare Weitergabe solcher Erkenntnisse an die nächste Generation, wie sie natürlich gewesen wäre, durch den Einbruch des Nationalsozialismus und dessen barbarische Enthumanisierung der Bildung, des Denkens radikal verhindert wurde.

Jedenfalls: Außer durch seine Herkunft hatte Hans Mayer genügend Gründe geliefert, daß er Deutschland sehr schnell, noch 1933, verlassen mußte. Begleitet haben ihn dann »jahrzehntelang das graue Bändchen über den historischen Materialismus« und die Büchner-Ausgabe des Insel-Verlags. Beziehungsreicher hätte dieses schmale literarische Gepäck kaum sein können: Das erste Buch, das der Emigrant Hans Mayer – Jurist übrigens, weit entfernt von der »Professorengermanistik der Germanistikprofessoren« – von 1935 bis 1937 in Genf schrieb, hieß *Georg Büchner und seine Zeit*. Acht Jahre hat er auf die Publikation dieses Manuskripts warten müssen. Ein Krieg kam dazwischen, für ihn verbunden mit Internierung, Hunger, Demütigung, Tatenlosigkeit. Keineswegs leichter erträgt man die Folgen von Fehlentwicklungen, wenn man selbst vor ihnen gewarnt hat. Unglückliches Bewußtsein ist ja nicht falsches Bewußtsein, und um keinen Deut fröhlicher wird dieses Bewußtsein von Unglück bei den ewigen Minderheiten, wenn zugleich daneben die Massen in einem »glücklichen« Bewußtsein schwelgen, wobei natürlich zu fragen wäre, ob dieser Übereinstimmungsrausch dann noch »Bewußtsein« zu nennen ist.

Die »Dialektik der Aufklärung« setze diesen Widerspruch frei, lese ich bei Hans Mayer. Gewiß. Zutreffend konstatiert auch der »ungelöste Gegensatz zwischen Humanisierung des Denkens und Fühlens auf der einen, wachsender Entmenschlichung der gesellschaftlichen Praxis auf der anderen Seite«. In einem solchen Satz fühlen wir auch unsere Erfahrung, jedenfalls teilweise, beschrieben. Doch haben wir uns, nach einem neuen Durchlauf des alten Zyklus (wenn es auch gewiß nicht eine »Wiederkehr des Gleichen« gewesen ist), nun schärfer zu fragen, ob wir nicht in Zukunft jene Strömung innerhalb der europäischen Aufklärung, die nicht zu Ideologie, womöglich wieder zu »Heilserwartung« führt, sondern zu praktischer Vernunft, wahrzunehmen und, selbst in ihren keimhaften, nicht »mehrheitsfähigen« Formen, nach Kräften zu unterstützen haben. Mit Romanen, Stücken, Filmen, Essays, Gedichten, Liedern haben wir, eine Reihe von Autoren dieses Landes, seit langem und zuerst ziemlich allein, ein kritisches Bewußtsein miterzeugt, auch wenn uns das jetzt aus durchsichtigen Gründen und mit durchschaubarer Absicht abschätzig bewertet oder sogar bestritten, ja ins Gegenteil verkehrt werden soll. Es gab Jahre hier, in denen Bücher wie Taten wirkten, Lebens- und Arbeitsmittel jener Gruppen, die in den achtziger Jahren entstanden und die im Herbst des vorigen Jahres in einer Reihe ganz neuer Organisationsformen das Gesicht, die Gestalt einer freien, humanen, sozialen Gesellschaft ahnen ließen, die sich unter dem Panzer des alten Staatswesens als Puppe herausgebildet hatte. Dabei beteiligter Zeuge gewesen zu sein ist eine unverlierbare Erfahrung. Ich weiß, daß Sie, Hans Mayer, unsere Hoffnungen damals, vor einem Jahr, teilten, Sie haben es uns im Dezember 1989 als Widmung in ein Buch geschrieben, mich hat das sehr bewegt.

Vorschein oder Nachschein?

Unsere Hoffnungen konnten sich nicht erfüllen. Das Verlierergefühl – ich kenne es seit 1965, doch habe ich es kaum je stärker gehabt als an jenem Sonntagvormittag im Frühsommer dieses Jahres, als wir an den besudelten Gräbern von Bert Brecht und Helene Weigel standen. Das Gefühl, mich in einer Zeitschleife zu befinden, drängte sich mir auf. »Judensau« wieder einmal. Dies hätte Ihnen, dem Professor, mir, der Studentin, Anfang der fünfziger Jahre in Leipzig niemand voraussagen dürfen. Das, selbst das haben wir nicht verhindern können. Das Entsetzen, die Scham, der Schmerz darüber, daß deutsch sein und human sein so oft in der Geschichte nicht zusammenfallen wollten, endlich durch einen zerstörerischen und selbstzerstörerischen Amoklauf in nicht wiedergutzumachender Weise auseinandergetrieben waren: diese schockhafte Einsicht hatte ja unser Engagement in den Nachkriegsjahren wesentlich bedingt und bestimmt. Der da nun, vierzig Jahre später, beschimpft wurde, hat nachdenklich eingeschränkt: »Die wir den Boden bereiten wollten für Freundlichkeit, konnten selber nicht freundlich sein.« Diesen Satz habe ich in mir um und um gewendet. Jetzt muß ich auch ihn noch einmal neu befragen.

Ich glaube, es gibt kein Raster für unsere Erfahrung. Es wäre jetzt so wichtig, die richtigen Fragen zu stellen, möglichst auf die richtige Weise. Selten geschieht es. Ich verhehle meine Furcht nicht, daß in dem Vakuum, das durch Desorientierung entsteht, die Dämonisierung des unbekannten Wesens DDR weiter um sich greift, die teils mit Bedacht, teils aus Mangel an Kenntnissen in vollem Gange ist. Zu ihr gehört auch die Monsterschau, in der Bürger der ehemaligen DDR in manchen Medien jetzt vorgeführt werden. Der Ansturm der Ereignisse hat die Differenzierungsfähigkeit überrannt. Wir müssen auf Konkretheit bestehen und aufpassen, daß uns nicht das Leben genommen wird, das wir wirklich geführt haben, und uns statt dessen ein verzerrtes Phantom untergeschoben wird. Für die Auflösung von Legenden liefern schon die DDR-Kapitel der Autobiographie von Hans Mayer ein nicht unbeträchtliches Material, und in diesem Sinn erwarte ich sein neues Buch, das den Untertitel hat: *Erinnerung an eine Deutsche Demokratische Republik*, mit Spannung.

Wo war ich stehengeblieben. Bei Hans Mayers Büchner-Buch. Mit dem für den Autor sich eine weitere, wohl die wichtigste Facette seines Selbst zu enthüllen begann: Er hatte zu realisieren, daß er ein Schriftsteller war, wenn er sich selbst auch erst viel später so nennen wird. »Zu sich selber kommen«, »kenntlich werden« – öfters nach einer »Erweckung« »Identität« entwickeln: diese immer wiederkehrenden Stichworte charakterisieren eben nicht den Wissenschaftler, sondern den Schriftsteller, der sich allerdings eines besonderen Materials bedient, um sich auszudrücken, nämlich der Dichter als Paradigmen für menschliches Schicksal und ihrer Gestalten, in denen die Widersprüche, die Leiden und Kämpfe der Zeiten komprimiert sind. Hans Mayer sucht eine Fassung für die eigene, tief problematische, durch Selbstzweifel häufig in Frage gestellte und durch äußere Gefahren bedrohte Existenz, indem er sie an anderen exemplarischen Existenzen mißt, ohne allerdings denen im geringsten Gewalt anzutun. Ich hoffe, Hans Mayer, Sie sehen es mir nach, wenn ich heute, was Sie längst bemerkt haben, mich, ein wenig nur, aber eben doch, selbst um Fassung bemüht, Ihrer Methode bediene, indem ich eigene Anfechtung und Bedrängnis mit ähnlichen Situationen im Lebenslauf des Älteren vergleiche, die er, das kann man jetzt sagen, bestanden hat.

Zum Beispiel schreibt Hans Mayer als eine frühe Erkenntnis einen Satz, den ich für eine eigene, allerdings späte, originale Entdeckung hielt: »Identität ist nur durch Bindung möglich.« Was er nicht ausspricht, aber erfahren hat: Identität festigt sich im Widerstand gegen unzumutbare Verhältnisse, was soviel heißt, daß Bindungen nicht zu Abhängigkeit entarten dürfen, daß sie, von Fall zu Fall, wieder gelöst werden können, sogar müssen. Über dieses nie zur Ruhe kommende Spannungsfeld zwischen Treue, Gebundenheit, Kompromißbereitschaft und der strikten Verteidigung des ureigenen Freiheitsterritoriums erfährt man viel in allen Büchern von Hans Mayer, der, so vieles er in seinem Leben »auf Widerruf« zu tun oder zu sein gezwungen war, eine unwiderrufliche Treue zu seinen Überzeugungen entwickelt hat. (Da der Begriff »Identität« zu einem der bevorzugten Reizworte geworden ist, mit dem über ehemalige Bürger der DDR gestritten wird: Ich sehe da sehr wohl eine Identität, die diejenigen, die sich hier selbst behauptet und gewehrt haben, kenntlich macht. Solche, die sich niemals und nirgends wehren, sind sich überall gleich in allen Ländern und Systemen der Welt, sie unterscheiden sich nur durch den Lebensstandard und das Styling voneinander.)

Ein Beispiel für Sich-Wehren. Vor mir liegt ein an den Rändern stark angegilbtes Manuskript aus schlechtem Durchschlagpapier. Verfasser: Prof. Dr. Hans Mayer, Überschrift: *Zur Gegenwartslage unserer Literatur.* Sie wissen, worum es geht: Am 28. November 1956, also vier Wochen nach der Niederschlagung des Aufstands in Ungarn, wollten Sie über den Deutschlandsender Ihren Höhrern etwas über den »Krisen-«, ja »Krankheitszustand« unserer Literatur erzählen; ihr den Reichtum, die Vielfalt der Literatur der zwanziger Jahre entgegenhalten; den hier lebenden Autoren attestieren, daß sie den Anschluß an die modernen Techniken und Formen der Weltliteratur verloren hätten und sich einer schematischen Darstellung der Realität befleißigten. Und übrigens – wahrhaftig beginnen Sie einen besonders unverfrorenen Satz mit »übrigens«: »Übrigens wird man viele administrative und bürokratische Hemmnisse beseitigen müssen, sollen sich die Dinge in unserem literarischen Leben zum Besseren wenden.« Mit dem »Unfug« des Sektierertums, das Sie ausdrücklich mit dem Personenkult in Verbindung bringen, sei Schluß zu machen. Punktum.

Durch meinen Mann, der als Kulturredakteur beim Deutschlandsender dieses Manuskript angenommen, »abgezeichnet« und in Telegrammen an bedeutende Persönlichkeiten, zum Beispiel Heinrich Böll, mit Sendetermin noch extra angekündigt hatte, wußte ich von diesem Unterfangen. Ich weiß nicht, ob wir Ihnen je erzählt haben, wie wir den Abend der Sendung erlebten. Wir wollten sie mit einem Essen im Presseclub in der Friedrichstraße begehen, als ein erzürnter Peter Huchel an unseren Tisch kam und meinem Mann vorwarf, er habe nicht Ihren Text, sondern die Banalitäten eines anderen senden lassen. Ich weiß noch, daß mein Mann bestürzt telefonieren ging und daß danach unsere Stimmung umschlug: Ein übergeordneter Zensor hatte eingegriffen und selbst einen Kommentar gesprochen. Durch eine Panne im Zensurmechanismus, da haben Sie sicher recht, wurde ihre Rede wenige Tage später im *Sonntag* gedruckt – auch diese Seite liegt vor mir – und löste eine verordnete Scheindebatte aus, in deren Verlauf sich herausstellte, daß Sie »nicht nur die deutschen«, »auch die ausländischen Schriftsteller« mit Ihren Thesen »beleidigt« hatten.

Dies als ein heute vielleicht noch verständliches Muster, nach dem so viele Vorstöße der Älteren, dann auch der nachwachsenden Jüngeren zuerst immer abgewehrt wurden.

Zwar hatten auch Sie am Ende von fünfzehn Leipziger Jahren, 1963, die schmerzliche Erfahrung des Verlierers zu wiederholen, und nicht zum letzten Mal in Ihrem Leben; fünfzehn Jahre, die Sie rückblickend weder verleugnen noch entwerten, im Gegenteil: Den Hörsaal 40 der alten Leipziger Universität nennen Sie »mein Ort«. Sorgfältig waren Sie den Spuren nachgegangen in diesem zweiten deutschen Staat, die

»künftige Möglichkeiten ankündigen mochten des sonderbaren Geschöpfes mit dem aufrechten Gang«. Zu diesen Spuren gehörte, was Sie als »plebejisches Bewußtsein« bei den Studenten von der Arbeiter-und-Bauern-Fakultät entdeckten. (Lohnen würde es sich, als Beitrag zur konkreten Geschichtsschreibung den Lebensläufen dieser Arbeiter- und Bauernstudenten heute nachzugehen.)

»Die große und unerschütterbare Erinnerung an meine Leipziger Jahre«, schreibt Hans Mayer 1984, »kann auch ich nur definieren als eine Erfahrung mit einem Leben ohne die ›giftige Geldwirtschaft‹, wie das der Jude und utopische Sozialist Ludwig Börne genannt hat.« – Trotzdem konnte er nicht bleiben. »Eine Lehrmeinung zuviel« – womit die seine gemeint war: Mit diesem Verdikt in der Leipziger Studentenzeitung hatte man den Pakt gebrochen, den er eingegangen war, und ihn aus dem Land getrieben.

Wiederum eine »Heimkehr in die Fremde«.

Wiederum eine Niederlage? Ich habe gelernt, auch an Hans Mayers Biographie, den Begriff »Niederlage« zu relativieren. Zwar hat Peter Weiss recht mit seiner Feststellung: »Den Unterlegenen verachten die Götter« – und natürlich die Menschen. Jedoch: Manchmal, wenn er nüchtern, ohne Selbstmitleid und Selbstschonung, dafür lernfähig ist, kann ein Verlierer mehr sehen als ein Sieger, und vielleicht Wesentliches. Die großen Bücher von Hans Mayer – über die Dichter, über die »Außenseiter«, über sich selbst –, sie alle sind in den letzten zweieinhalb Jahrzehnten entstanden, in denen der Autor, wenn ich es recht sehe, in allen seinen Möglichkeiten »kenntlich« geworden ist. Zu seinem mir besonders wichtigen großen Essay *Außenseiter* sagt Hans Mayer den merkwürdigen Satz, über den ich noch nicht zu Ende nachgedacht habe: »Weil kein Versuch, die Monstren nicht bloß ernst zu nehmen, sondern als menschliche Möglichkeit zu akzeptieren, ohne das utopische Bewußtsein auskommt.«

Mir scheint, hier wird ein abstrakter Humanitätsbegriff der Aufklärung zu einer schlichteren Maxime alltäglichen humanen Handelns gemacht, das ja immer möglich ist, in hochgemuten Zeiten und in Zeiten des Zusammenbruchs. Aber gerade zu dem Versuch, in jeder Lage und einem jeden gegenüber sich menschlich zu verhalten, wäre ein »utopisches Bewußtsein« nötig? Und der Satz von Ernst Bloch, den Mayer zitiert und der, heute gelesen, einen besonders »utopisch« anmuten kann, hätte vielleicht doch Zukunft, wenn man nicht zu kurze Zeitspannen ansetzt: »Alles steht immer noch im Zeichen eines Nochnicht.«

Wie lauteten doch die Leitworte, die Walter Benjamin seiner Briefesammlung *Deutsche Menschen* im Jahr 1936 voranzustellen wagte:

Von Ehre ohne Ruhm
Von Größe ohne Glanz
Von Würde ohne Sold

1990

2. *In memoriam*

In Hans Mayers Biographie sehe ich seit langem einen paradigmatischen deutschen Lebenslauf des 20. Jahrhunderts. Einen deutschen? Hat er nicht, Sohn einer Kölner jüdischen Bürgerfamilie, nach dem 3. Reich, nach Auschwitz, den Versuch, die deutschen Juden in die deutsche Gesellschaft zu integrieren, für gescheitert erklärt? Das hat er, und der Schmerz über diesen Befund hat sein Leben mit bestimmt. In seinem ergreifendsten Werk stellt er sich zu den »Außenseitern«. Aber wenn einer, hat er am »unglücklichen Bewußtsein« mit gelitten, das er der deutschen Literatur von Lessing bis Heine nachwies, wenn einer, hat er in und mit dieser Literatur gelebt, rastlos schrieb er über »Deutsche und Deutschland« in »Wendezeiten«, veröffentlichte sogar eine »Erinnerung an eine Deutsche Demokratische Republik« – zu einer Zeit, da diese Republik gerade unterging und die Erinnerung daran, daß auch sie ein Teil der deutschen Geschichte war, verdrängt wurde.

»Ein Deutscher auf Widerruf« ist er gewesen, auch auf Widerspruch, ein Linker, weitab von dogmatischen Maximen – das mußte ihn in Konflikte stürzen, hüben wie drüben, auch darin war sein Lebenslauf paradigmatisch. Es mußte ihm Enttäuschungen eintragen, Ernüchterung. An Aufgeben hat er nie gedacht. Er, der kämpferische Aufklärer, stellt den dritten Band seiner Reden unter den Titel: Der Abend der Vernunft. Ein nachdenkliches Bilanzziehen, und ganz am Schluß – mit Rührung lese ich es heute – ein Tribut an eine kurz aufflackernde Hoffnung, die auch ihn berührte, der Herbst 1989: »Einen kurzen geschichtlichen Augenblick lang ... hatte es auf deutschem Boden den Anschein, als seien die Gedanken der großen bürgerlichen Aufklärung ... wieder einmal durch die heutigen Denker und Schriftsteller und Künstler unmittelbar weitergegeben an das Volk.« ... Seitdem strebt alles wieder auseinander. Die Trennung zwischen Kultur und Politik, diesmal allenthalben auf deutschem Boden, scheint stärker konturiert als je zuvor.

Hans Mayer war treu. Der Zeit war er tief verhaftet, sie hat ihn umgestoßen, dem Zeitgeist hat er sich nicht unterworfen, er dachte und schrieb in gegenläufiger Bewegung zur jeweiligen Modeströmung. Für Anpassung hatte er ein verächtliches Schnauben übrig, für Kriecherei einen seiner berühmten Zornesanfälle. Er hing an Menschen, selbstlos liebte er begabte Menschen, er war empfänglich für Zuneigung und Anerkennung. Sein staunenswertes Gedächtnis erlaubte es ihm, uns eine Fülle von Erinnerungen, Zeitzeugnissen zu hinterlassen, die lange noch nicht ausgeschöpft sind. Bis kurz vor seinem Tod hat er sich, sogar am Telefon, mit aktuellen Problemen auseinandergesetzt, frisch und jung als Vierundneunzigjähriger. »Unser eigenes Jahrhundert ist alt geworden«, schreibt er einmal; er war hinfällig, doch nicht alt.

1996 hält er in Potsdam eine Rede, »In den Ruinen des Jahrhunderts«. Da formuliert er Fragen, die lange unbeantwortet und daher lange gültig bleiben werden: »Sollte es wirklich sein, daß künftige Gesellschaften im Zeichen einer Globalisierung nur folgendes zur Wahl haben: Freiheit und Wohlstand, doch ohne soziale Gerechtigkeit. Wohlstand und soziale Gerechtigkeit, doch in einem autoritären Regime. Freiheit und soziale Gerechtigkeit, doch ohne den Wohlstand einer heutigen Wegwerfgesellschaft.«

Hans Mayer war ein bedeutender Mann. Wie gut, von ihm gelernt, ihn gekannt, von ihm Freundschaft empfangen zu haben.

2001

3. Am Grab

Es war ein Montag. Montag, der 28. Mai 2001, sowohl der Suhrkamp Verlag in seiner ausführlichen Traueranzeige als auch die Akademie der Künste hatten bekanntgegeben, daß Hans Mayer um 11 Uhr auf dem Dorotheenstädtischen Friedhof beigesetzt würde. Ich entsann mich, wie Hans Mayer mir am Telefon gesagt hatte, er habe verfügt, daß er auf diesem Friedhof beigesetzt werden wolle. Sie verstehen? hatte er gefragt. Ich glaubte zu verstehen.

Nach einigen sommerlich warmen Tagen ein zwar warmer, doch trüber, wolkenverhangener Tag. Auf dem Friedhof traf ich zuerst Adolf Muschg, der aus Zürich gekommen war. Grass war da, ist in guter Verfassung, da er »im Manuskript« steckt – er schreibt über den Untergang der »Wilhelm Gustloff«. Irina Hermlin hatte von Stephan Hermlins Grab, das ja neben dem von Hans Mayer liegt, eine Pfingstrose abgeschnitten. Volker Braun war da, Christoph Hein, Inge und Walter Jens und ihr Sohn Tilman, Rainer Kirsch, natürlich Siegfried Unseld, die Oberbürgermeister von Leipzig und Köln – etwa 200 Menschen, davon wohl 70 Prozent aus dem Osten. Georg Girardet, der Kulturdezernent von Leipzig, muß die Ehrenbürgerwürde für Hans Mayer nun posthum vorbereiten, er hat die Feier in die Deutsche Bücherei verlegt, weil so viele Besucher erwartet werden. Wie gut wäre es gewesen, wenn Mayer diesen Akt der Wiedergutmachung noch hätte erleben können.

Ich nahm eine Rose aus dem Strauß für Hans Mayer und legte sie auf das Grab von Anna Seghers.

Ich wußte von Inge Jens, daß Hans Mayer sich alle Reden am Grab verbeten hatte. Mit der damaligen Pastorin der evangelischen Gemeinde, zu der dieser Friedhof gehört, hatte er dagegen verabredet – als er sich vor fünf Jahren bei der Beerdigung von Hermlin dieses Grab ausgesucht hatte –, daß sie ein Vaterunser sprechen sollte. Das hat mich verwundert, denn Mayer, der Jude, hing, soviel man weiß, keiner Konfession an, sicher nicht dem Christentum, auf dessen Begründer ja dieses Gebet zurückgeht. Wir gingen also stumm, auch ohne irgendeine Musik, die ich mir gewünscht hätte, die wenigen Schritte zu seinem Grab. Dort begann der junge Pfarrer der Friedrichstädter Gemeinde, der den Trauerzug im Talar begleitet hatte, aus dem 25. Kapitel des Buches Jesaja zu lesen, »Der Dank für den Untergang einer feindlichen Stadt«, vom Herrn Zebaoth, dem Gott der Juden also, als dem Zerstörer des »Verblendungszusammenhangs«, und er ließ der Lesung dann auch noch eine kurze Exegese folgen, in der er den Propheten von einer »Aufklärung über die Dialektik hinaus« sprechen ließ. Das war alles ein bißchen heikel, fand ich, an diesem Grab, wurde aber von den Versammelten hingenommen, und der Pfarrer sagte mir später, er habe das mit Inge und Walter Jens abgesprochen.

Wir nahmen Ute und Günter Grass und Walter Muschg im Auto mit zur Akademie am Hanseatenweg, wo man sich noch versammelte. Es gab Brezeln, Kaffee und Kuchen und Wein, man saß oder stand zusammen, man konnte bemerken, wie viele versuchten, die Gelegenheit für eigene Angelegenheiten zu nutzen, man erzählte sich Mayer-Anekdoten, die ersten Lacher kamen auf. Walter Jens hielt eine Treppenrede zu Hans Mayers Gedächtnis.

Das Ehepaar K. war da, Mayers Freunde aus Tübingen, die Frau hatte auf dem Friedhof als einzige sehr geweint, Herr K. sagte, wir hätten im vorigen Jahr, als wir Mayer im Oktober besuchten, den letzten guten Tag mit ihm erlebt. Das Gerücht ging um, Mayer habe während eines Radiokonzerts seinen Tod erklärt, ich wollte Näheres wissen und fand endlich seinen Pfleger, Herrn R., der ja im vorigen Jahr bei unserem Abendessen dabeigewesen war. Er erzählte, Mayer sei schon seit einiger Zeit nicht mehr aufgestanden, habe immer weniger gegessen. Am Freitag morgen habe er, R., ihm im Radio ein Konzert eingeschaltet, Mozart sei wohl dabeigewesen, zuletzt eine schöne Chopin-Sonate. Später am Tag habe er ihn gefragt, ob ihm das Konzert gefallen habe. Mayer habe keine Bewegung gezeigt, nur gesagt: Hans Mayer ist heute früh zwischen sieben Uhr fünfzig und acht Uhr gestorben. Als er später noch einmal fragte, die unwirsche Antwort: Hans Mayer ist tot.

Danach habe er mit niemandem mehr gesprochen, auch nicht mehr gegessen, nur teelöffelweis noch getrunken. Er habe sich sterben lassen. Es folgten lange Schlaf- und kurze Wachphasen, während deren er unaufhörlich sprach, arbeitend an einem Text für die Entgegennahme der Leipziger Ehrenbürgerwürde, den er aber mit Texten für die Erich-Fried-Gesellschaft durcheinanderbrachte. Er hat dann auch Hebräisch gesprochen und rezitiert – was, konnte der Pfleger natürlich nicht sagen. Seine letzten verständlichen Worte waren ein dreimal wiederholtes: Besonnenheit.

Herr R. meint, Mayer sei sehr allein gewesen. Kein einfacher Patient, aber er habe sich immer würdig bei ihm bedankt.

Dieser Tod beschäftigt mich sehr. Wieder einmal geht eine Epoche zu Ende. Ich lese in Hans Mayers Büchern.

2001

4. Ehrenbürger von Leipzig

In diesem Raum könnte ich ziemlich genau den Platz bezeichnen, auf dem ich im Frühjahr 1953 wochenlang gesessen habe, links neben mir auf dem Arbeitstisch einen hohen, allmählich abnehmenden Stapel meist dickleibiger Bücher, rechts einen zunächst niedrigen, allmählich anwachsenden Stapel derselben Bücher, die von links nach rechts wanderten, wenn ich sie gelesen hatte. Es waren die Prosawerke von Hans Fallada, und mein Professor Hans Mayer ist es gewesen, der mir ihre Lektüre verordnet hatte: Der Realismus bei Hans Fallada als Thema für meine schriftliche Staatsexamensarbeit, nachdem er die Prosawerke der DDR-Literatur, über die ich eigentlich hatte schreiben wollen, zu meinem Ingrimm als »rotangestrichene Gartenlauben« qualifiziert hatte. Das war 1953. Als ich ihn viele Jahre später an diesen frühen Dissens erinnerte, erklärte Hans Mayer bündig: Es hat Ihnen nicht geschadet. Und damit hatte er ja wieder einmal recht.

Auch meinen Platz im Hörsaal 40 könnte ich noch ungefähr benennen. In den Vorlesungen von Hans Mayer über »Deutsche Literatur im Imperialismus« und über die »Literatur des demokratischen Deutschland« habe ich *vor* jenen Jahren gesessen, in denen Uwe Johnson ein Schüler von Hans Mayer wurde und in denen bedeutende Autoren aus dem anderen Teil Deutschlands und aus der DDR dort vor den Studenten lasen. Wenn ich mich später fragte, heute frage, was mir denn von dieser ersten, zwei Jahre dauernden Begegnung mit Hans Mayer geblieben ist, so würde ich weniger bestimmte Kenntnisse nennen, die man leider zum großen Teil vergißt, als vielmehr die grundlegende Haltung, in der dieser Lehrer uns Literatur nahebrachte: Nämlich, »die Werke der Kunst und der Literatur nicht nach irgendeiner ›Aussage‹ zu bewerten«, sondern sie als autonome Gebilde zu sehen, allerdings in einem wenn auch komplizierten Zusammenhang mit gesellschaftlichen Zuständen und Veränderungen. Das war in jener Zeit wichtiger, als man es sich heute vorstellen kann, aber ich kann nicht sagen, daß Hans Mayer schon damals für mich »kenntlich« geworden wäre in dem Sinne, in dem er selbst, sich an seinen Freund Ernst Bloch anschließend, dieses Wort häufig gebrauchte. Da ich selbst erst am Anfang eines längeren Wegs zur eigenen »Kenntlichkeit« war, hatte ich den Blick noch nicht frei für die großen Vorzüge eines anderen – eines solchen anderen.

Ich konnte nicht wissen, daß Mayer an der Rede Otto Grotewohls zu den Goethetagen der Jugend in Weimar im März 1949 mitgewirkt hatte: Goethes Alternativen vom Siegen oder Unterliegen, Hammer- oder Amboß-Sein. Da hatte ich als Abiturientin und Verfasserin einer mit einem Preis bedachten sehr ambitionierten Arbeit über »Goethes Auffassung von Persönlichkeit und Gesellschaft« im Auditorium gesessen und abends Lothar Müthel als Mephisto gesehen. Als ich dann, nach zwei Jahren Studium in Jena, nach Leipzig in das Oberseminar des Herrn Professor Mayer gehen wollte, war ich für ihn belastet durch Studien bei seinen Widersachern und Rivalen aus dem ebenfalls marxistischen, doch andere Schwerpunkte setzenden Kreis um den Professor Scholz; so hatte ich mich erst in einem Unterseminar mit einem Referat über das *Fräulein von Sternheim* der Sophie La Roche zu bewähren.

Hans Mayer hat mir später öfter gesagt, daß er mich nicht sogleich »erkannt« habe – aber da war noch nicht viel zu erkennen. Und umgekehrt: Wir Studenten waren froh über jeden von den Nazis Vertriebenen, der zu uns zurückkam; wir waren geneigt, ein Vorbild in ihm zu sehen; wir wähnten uns aber andererseits doch auch im Besitz von Wahrheiten, die auch der Professor tunlichst anzuerkennen hatte, und wir waren gar nicht darauf vorbereitet, uns – und vielleicht auch ihn – nach seiner Lebensproblematik zu befragen. Dabei hätten sogar die Anekdoten, die über Hans Mayer umliefen und für die er immer wieder reichlich Stoff lieferte, uns darauf aufmerksam machen können, daß hier ein Mensch in unserer Mitte war, der, verletzlich, sehr empfindlich, in hohem Maße ungeschützt war und angewiesen auf menschliches Verständnis, auf Zuneigung und Freundlichkeit. Als dies alles ihm immer mehr entzogen wurde, hat er Leipzig verlassen müssen. Es hat ihm weh getan. Uns auch.

Es gab dann Begegnungen in Tübingen, es gab die Lektüre seiner Bücher, die in rascher Folge erschienen und von denen einige geeignet waren, ihrerseits bei mir Erweckungserlebnisse zu provozieren; es gab die uns alle bewegende Rückkehr Hans Mayers nach Ostberlin in die Akademie der Künste mit einer Rede über Werner Kraus. Zu seinem 80. Geburtstag durfte ich ihm in der Westberliner Akademie öffentlich gratulieren, an seinem 90. in Köln dabeisein, und als er im November 1990 in der Staatsoper Unter den Linden vor einem dankbaren Publikum seine Rede »Nachdenken über Deutschland« hielt, führte ich ihn ein: »Ein Deutscher auf Widerspruch«. Unser Nachdenken über Deutschland und unser Gespräch darüber ist seitdem nicht versiegt, es gab Anlaß, die Goetheschen Gedanken vom Siegen und Unterliegen auf unsere eigene Lebensgeschichte und die der beiden Deutschländer anzuwenden. Ich war und bin dankbar für diese Möglichkeit, einander kenntlich zu werden. In einem unserer letzten Telefongespräche äußerte sich Hans Mayer zu dem nach seiner Ansicht »von Grund auf falschen Leben«, zu dem der Kapitalismus die Leute verleite: an nichts zu denken als an ihren Spaß und an ihr Geld. Da frage man sich, ob wir richtig gelebt haben. Ich sagte, das frage ich mich die ganze Zeit. Darauf er: Aber hören Sie! Ich beantworte die Frage mit ja. Wir hatten ein Ziel, dafür haben wir gearbeitet, und das hat unserem Leben einen Sinn gegeben. – Am 14. Dezember 1989 hatte er uns als Widmung in eines seiner Bücher geschrieben: »Liebe Christa, lieber Gerhard, wir sind sehr froh über Euch. Vielleicht kommt doch etwas von dem zustande, was wir uns von 1945 erhofften.« Diese späte und, wie man weiß, illusorische Hoffnung hat doch auch etwas mit dem Leipzig vom Herbst 89 zu tun gehabt, darum zitiere ich sie hier.

Nun also, als toter Ehrenbürger, kehrt Hans Mayer nach Leipzig zurück. Wäre es nur zwei, drei Jahre früher zu dieser Entscheidung gekommen, er hätte gerne selbst hier noch gesprochen. Er soll in seinen letzten Tagen, als er schon nicht mehr ansprechbar war und nicht mehr angesprochen werden wollte, wohl aus tieferen Schichten des Bewußtseins heraus, sich immer wieder mit Textfragmenten beschäftigt haben, die er hier als Entgegnung hätte vortragen können.

2001

»Der ganze menschliche Entwurf«

Inge Müller, Maxie Wander, Brigitte Reimann und Irmtraud Morgner

»Die Utopie Mensch muß entziffert werden« – Irmtraud Morgner schreibt das, wir können es als ihr Vermächtnis lesen; der Satz steht im »Hero(i)schen Testament«, ihrem letzten, Fragment gebliebenen Buch. Ich will ihn als Motto für das Lebenswerk aller vier Autorinnen gelten lassen, die ich Ihnen nahebringen möchte. Erst während der Arbeit ging mir auf: Drei von ihnen haben das gleiche Geburtsjahr, 1933. Alle drei starben jung an Krebs – Brigitte Reimann 1973, Maxie Wander 1977, Irmtraud Morgner 1990. Die vierte, älteste, Inge Müller, wurde 1925 geboren und setzte ihrem Leben 1966 selbst ein Ende. Mein Geburtsjahr, 1929, stellt mich genau zwischen Inge Müller und die drei um vier Jahre jüngeren Kolleginnen. Vier Jahre, gar acht Jahre früher oder später geboren zu sein machte damals viel aus: Der Einschnitt war das Jahr 1945. Wie alt man da war, das entschied darüber, welche oft traumatischen Erfahrungen man gemacht hatte, für welche Grunderlebnisse man prädestiniert war, wie man weiterlebte, und auch, welche Vorstellungen man verwirklichen wollte.

Nach diesem Krieg noch am Leben zu sein mußte doch einen Sinn haben. Der Sinn erschloß sich zwanglos und zwangsläufig aus dem Experiment einer neuen Gesellschaft, an dem man teilhatte. Die Rede ist vom Leben im Osten Deutschlands, in der DDR. Die Rede ist von der Mitarbeit an einem großen Entwurf, der sich »Sozialismus« nannte und kreative Kräfte freisetzte, eine Anschub-Energie, eine Hoffnung, die nachwirkte, auch über die Jahre hinaus, in denen ihre Voraussetzungen sich als unhaltbar erwiesen, ihre

Grundlagen immer mehr zerstört wurden; diesen Prozeß haben die Autorinnen, die heute abend zu Wort kommen sollen, stark anteilnehmend miterlebt und in ihren Büchern beschrieben: Den Anspruch, von dem sie ausgingen und ohne den man ihre Arbeiten nicht verstehen kann, die manchmal zerreißenden Konflikte, in die sie getrieben wurden durch die zunehmend unproduktiven Widersprüche in ihrer Gesellschaft. Die im Leben zu bewältigen und sie schreibend zu bearbeiten, das konnte manchmal über die Kraft des und der einzelnen gehen.

Was sie, in dieser Dauerspannung stehend, geleistet haben, ist zum Staunen. Sie haben sich Mut und Ausdauer und Zähigkeit abverlangt, haben der Versuchung widerstanden, sich nicht zu engagieren, sondern zu resignieren, denn es ging ja um nichts Geringes: Sie, wir alle zielten auf den »homo humanus«, auf nicht mehr und nicht weniger. Auf endlich menschenwürdige Verhältnisse, in denen der Mensch – Frau und Mann – das Potential an Möglichkeiten, das in ihm steckt, hervorbringen könnte. »Als wir antraten«, sagt die Morgner, »dachten wir: Einfache Sache. Sieht jeder vernünftige Mensch ein ... Nun stellt sich heraus, die einfache Sache ist ungeheuer langwierig.« Doch besteht Hoffnung auf Veränderung, solange die Verhältnisse noch in Bewegung sind. So lange, und das heißt: bis zu ihrem Ende, halten diese vier Autorinnen, selbst schwerkrank, an ihrer Arbeit fest, folgen ihrer Passion und schreiben. Verzweifelt sind sie oft gewesen; aufzugeben haben sie sich nicht erlaubt. Einige wichtige Bücher sind unvollendet geblieben, andere konnten gar nicht geschrieben werden, ein bedeutendes lyrisches Werk, das von Inge Müller, wurde abgebrochen und verfiel für Jahre nahezu dem Vergessen. Die Gefahr, daß das wieder, daß es auch mit den Prosawerken der anderen geschehen könnte, erscheint mir groß in einem Kulturbetrieb, der Beliebiges aufbläst und um- und umwälzt. Dieser Gefahr möchte ich entgegenarbeiten.

Die unentwickelten deutschen Verhältnisse haben in der

Vergangenheit so manchen revolutionären Ansatz in der deutschen Geschichte, auch in der deutschen Literatur erstickt, unterdrückt, zerschlagen. Dieses Schicksal traf auch die Autoren, die auf ihre Weise, mit ihren Mitteln aufbegehrten: im günstigsten Fall nicht beachtet, ins Abseits gedrängt, der Nachwelt unterschlagen, wurden sie oft direkt denunziert, verboten, verfolgt, eingekerkert, ins Irrenhaus geworfen, in den Tod getrieben oder ins Exil. Meist fehlte ihnen das Hinterland, eine widerständige Bewegung, deren Sprecher sie hätten sein können und die sie gestützt hätte – denken wir an die Zeit des Sturm und Drang, der Romantik, in der zum ersten Mal auch Frauen ihren Lebensanspruch formulieren. Ihr Werk blieb meist Fragment.

Dieses Verdikt wollte die Generation der Schreiberinnen, von denen ich spreche und denen ich eine Reihe anderer, selbstverständlich auch männlicher Namen hinzufügen könnte, nicht annehmen, mehr noch: Sie zogen es für sich gar nicht in Betracht. Die »deutsche Misere« sollte ein Ende haben, das »unglückliche Bewußtsein« der Deutschen, nicht zuletzt der deutschen Literaten, sollte ihnen nicht zustoßen. Die von Grund auf veränderten Besitzverhältnisse würden ein neues gesellschaftliches Bewußtsein, neue Umgangsformen und Sitten schaffen: An denen wollten sie mitwirken. Mit einer unbändigen Lebensgier und Arbeitslust brachen sie auf in eine historische Etappe, die ihnen eine reale Reibungsfläche zu bieten schien für ihre Utopie: Daß es menschenmöglich ist, die höchst mangelhaften gesellschaftlichen Zustände zu verändern und dabei sich selbst hervorzubringen; daß dies, endlich, auch Frauen möglich sein sollte.

Wie klingen solche Sätze heute? Lächerlich? Realitätsfern? Anachronistisch: das ganz bestimmt. Doch diese vier Autorinnen waren alles andere als wirklichkeitsfremd. Keine von ihnen gehörte je zu den oberflächlichen Lobhudlern und Schönfärbern, welche ihre, unsere Zeit in nicht geringer Zahl auch hervorbrachte. Eben weil sie sich, neugierig auf alle Facetten des Lebens, ihren scharfen, unbestechlichen Blick auf die Realität nicht trüben ließen, gerieten sie in existentielle Konflikte: Jede von ihnen erlebte ihren Kampf mit der Bürokratie der herrschenden Ideologie und hatte sich zu entscheiden zwischen Anpassung und Wahrheitsmut. Der Staat, in nachkriegsbedingter Abhängigkeit, im kalten Krieg zu einer Art Fronstaat geworden und ökonomisch dem anderen deutschen Staat hoffnungslos unterlegen, glaubte, sich keine kritischen Stimmen mehr leisten zu können, und unterdrückte mit der Kritik kreative Ansätze bis zu fast völliger Erstarrung. Gesellschaftliche Bewegungen konnten am Ende nur noch abseits, im Untergrund oder eben: in der Literatur stattfinden. Das alte verfluchte Muster.

Doch ich habe vorgegriffen. Dieses Ende war nicht vorprogrammiert. Nicht zufällig war es eine Phalanx begabter Frauen, die, in Kontakt miteinander, im Gespräch, oft in Freundschaft verbunden, ungleich in ihren Lebensumständen, sehr verschieden in der Art ihrer Talente, sehr begabt, sensibel, intelligent, mutig, wißbegierig, liebesfähig, bewußt neues Gelände erkundeten; durchaus sahen sie sich als Forscherinnen, Irmtraud Morgner spricht es am deutlichsten aus; aber natürlich war es auch Neuland in jedem Sinn, das Brigitte Reimann beschritt, als sie in der neuen Stadt Hoyerswerda in der Produktion mitarbeitete, sich die Kenntnisse für ihren Roman einer Architektin holte. Vor ihr hatte Inge Müller in ihrer »Weiberbrigade«, einem Produktionsstück, Verhaltensweisen selbstbewußter, selbständiger Frauen beschrieben. Und Maxie Wander sprach mit einer großen Anzahl von Frauen ungezwungen über ihr Leben, über ihre Träume, über ihre Sexualität, über ihre Beziehung zu Männern und publizierte diese Protokolle, die sie einfühlsam bearbeitet hatte. Man kann sich heute kaum mehr vorstellen, was für einen Wiederhall diese Veröffentlichung – besonders natürlich unter Frauen – fand. Das Angebot, das Maxie Wander machte, kam einem starken Identifikationsbedürfnis unter den Frauen entgegen, die, alle eingebunden in die neuen Verhältnisse, tätig in ihren Betrieben und Institutionen, konfrontiert mit neuen und alten Konflikten zwischen den Geschlechtern, sich auf direkte Weise an- und ausgesprochen sahen. Übrigens – ein bedeutsames Übrigens – war das Echo der Leserinnen, das vom Westen herüberschallte, zumindest auf die Bücher von Irmtraud Morgner und Maxie Wander, ebenfalls stark. Inge Müller starb dafür zu früh, die wichtigsten Bücher von Brigitte Reimann erschienen vollständig erst nach 1990.

Die neuen Stoffe weckten Einfallsreichtum für vielfältige, teils neue Formen, darunter sehr subjektive, die man früher »typisch weiblich« genannt hätte. Tagebücher, Briefe, Protokolle, Alltagsnotizen – bis ins Gedicht hinein –, und auch die Romane – zum erstenmal groß angelegte Gesellschaftsromane, von Frauen geschrieben, mit weiblichen Hauptfiguren – sind formal nicht konventionell: assoziativ, den inneren Monolog nutzend, die Chronologie verlassend, beschreibt die Reimann in »Franziska Linkerhand« den Kampf einer jungen Architektin um menschenwürdiges Wohnen in einer neuen Stadt und um die Liebe zu Männern, die den Ansprüchen dieser selbstbewußten Frauen oft nicht gewachsen sind: unglückliche Liebesgeschichten einer neuen Art.

Irmtraud Morgner erfindet den »operativen Montageroman«, der alles in sich aufnehmen kann: rücksichtslos autobiographisches Material sowieso, originelle scharfe Diagnosen, philosophische Erörterungen, Zeitungsausschnitte, Reden, Artikel, freche Geschichtsklitterungen, politische Notate, geistreiche Aperçus aus der Sicht einer klugen Frau – mit kühnsten Phantasiegeschichten märchenhafter Figuren und den konkretesten Alltagsgeschichten gewöhnlicher Leute führt uns die Autorin unverfroren vom Himmel durch die Welt zur Hölle, Zeugnis der radikalen Hybris, die Morgners Entwürfe durchzieht. Ein weiblicher Faust – aber warum denn nicht?

Der geschichtliche Augenblick, der solche Frauen und ihr

Selbstbewußtsein hervortrieb, ist für diesmal vorbei, ein Ansatz wiederum gescheitert, nachträglich verhöhnt und als illusionär abgetan. Kompendien aufmüpfigen aufrührerischen Denkens wie diese Bücher – wo können wir die heute noch finden? Wo in der gegenwärtigen Literatur gibt es eine radikale Kritik an Verhältnissen, die das Sich-Bescheiden in kleinen, wenn auch komfortablen Umständen antrainieren? Wo den Versuch, aus der allzu anspruchslosen Ich-Bezogenheit auszubrechen, die mit Subjektivität verwechselt wird und in der Realität und in der Literatur zur hundersten Variation der immer gleichen sogenannten Beziehungskonflikte führt? Wo gibt es Entwürfe über den Tag hinaus? Wo eine produktive Sehnsucht nach einer Freiheit, die nicht nur Zügellosigkeit und Verführung zum Konsum ist, sondern die Freiheit, verantwortlich zu handeln?

Ich frage und weiß doch: Es kann nicht sein. Die Verhältnisse, sie sind nicht so, daß sie eine wirklichkeitsgesättigte Utopie – nicht als illusionäre Phantasterei, sondern als Energiereservoir – hervorbringen und ertragen könnten. Die Versäumnisse, Verfehlungen, Irrtümer, Enttäuschungen der vorangegangenen Generationen lasten auf den heute Jungen. Die Perspektivlosigkeit, die Sinnlosigkeit eines überflüssigen Daseins, in dem Produktions- und Gewinnziffern der gültige Maßstab für Erfolg sind, drückt sie nieder, drängt sie in Aggressivität.

Inge Müller (1925-1966) lebte einundvierzig Jahre. Mit achtzehn wurde ihr Leben vom Krieg geprägt. Sie ist, soviel ich weiß, die einzige Frau, die aus eigener Anschauung Skizzen aus dem Soldatenleben schreibt. Und Gedichte, die Notaten gleichen:

Einberufung
12-Zeilen-Befehl; Staccato in Phrasen
Ein Stempel: Mädchen, du bist Soldat.

Weg mit den Locken, den Kleidern. Den Rasen
Ob grün oder weiß, zahlt der Staat.

Sie lernt, was Männer seit Jahrhunderten lernen mußten: *Ich lerne wie du im Gleichschritt gehen / Kann man Hassen lernen? / Soldaten sah ich an Laternen stehn / Soldaten hingen an Laternen.* Andere Texte von ihr sind überschrieben: *Brief einer Wehrmachtshelferin, Feuerprobe, Exekution* und umreißen, was sie im letzten Kriegsjahr erlebt und mit angesehen hat.

Der Bombenkrieg. Der Bunker, in dem sie drei Tage lang verschüttet ist: *Als ich Wasser holte fiel ein Haus auf mich / Wir haben das Haus getragen / Der vergessene Hund und ich. / Fragt mich nicht wie / Ich erinnere mich nicht.* Ihre Eltern verliert sie durch deutsche Fliegerbomben. Mit aller Kraft wird sie in Zukunft dagegen ankämpfen, von dem Grauen dieser Erfahrungen überwältigt zu werden. Seismographisch zeichnet sie die Schrecken des Zeitalters auf. Auschwitz, Hiroshima, Vietnam sind Signale dafür. Eine häufig gebrauchte Vokabel ist bei ihr das Wort Tod.

Lakonismus wird in allen ihren Texten eines ihrer Erkennungszeichen. Nie kommt sie in Versuchung, Gefühle in Sentiment umzutäuschen. Aber hinter den oftmals schlichten, beherrschten Zeilen steht die Erschütterung, aus der sie erwachsen. Der Boden ist dünn, auf dem Inge Müller geht.

Nach dem Krieg, 1946, hat sie den Namen ihres ersten Mannes getragen und im Dezember einen Sohn geboren. Sie arbeitet in verschiedenen Berufen, als Trümmerfrau, Arbeiterin, Volkskorrespondentin. Die neue Wirklichkeit lernt sie gründlich kennen. Sie schreibt Bücher, Hörspiele, Stücke für Kinder. Sie heiratet Heiner Müller. Zwölf Jahre lang lebt und arbeitet sie mit ihm zusammen; ihre Arbeitsverbindung ist so eng, daß man oftmals *ihren* Anteil an den frühen Stücken, die ihm allein zugeschrieben werden, nicht mehr zuverlässig herausfiltern kann. Sie geht mit ihm in das Braunkohlekombinat

Schwarze Pumpe. In ihrem – später ausgezeichneten – Hörspiel *Die Weiberbrigade*, einem veritablen Produktionsstück, hält sie eine Etappe im Prozeß der Emanzipation der Frauen in der DDR fest: Ihre Gleichberechtigung in der Arbeit, ihre daraus entstehende ökonomische Unabhängigkeit, ihr neues Selbstbewußtsein auch in Liebesbeziehungen. Die Sprache der Dialoge ist kraftvoll, volksnah, oft rauh, frech, konkret, direkt. Die Konflikte sind scharf, werden aber als lösbar beschrieben. Die Figuren sind dabei, sich aus spießiger Eigensucht herauszuarbeiten. (*Einmal kommt / von uns gesandt / der vorgeahnte / Mensch.*) Eines ihrer Gedichte überschreibt Inge Müller mit dem Wort *Utopie*.

Sie erlebt, wie die Aufbruchstimmung der Pionierjahre abbricht. 1961 wird Heiner Müller wegen seines Stückes *Die Umsiedlerin* aus dem Schriftstellerverband ausgeschlossen. Ihr Leben wird schwierig, auch materiell. Inge Müller bearbeitet sowjetische Stücke, schreibt Gedichte, von denen zu ihren Lebzeiten nur wenige gedruckt werden. Längere Aufenthalte im Krankenhaus sind immer wieder nötig. 1966 nimmt sie sich das Leben.

Zehn Jahre nach ihrem Tod erscheint eine erste schmale Auswahl aus ihrem lyrischen Werk. Ihr Nachlaß ist, mit den Manuskripten Heiner Müllers vermischt, schwer zugänglich. Inge Müller ist einem breiteren Publikum kaum bekannt. Erst 2002 bringt Sonja Hilzinger alle ihr aus dem Nachlaß von Inge Müller zugänglichen Gedichte, Stücke und Prosatexte in einem umfangreichen Band heraus und schafft die Voraussetzung dafür, den Rang dieser Autorin, gerade als Lyrikerin, zu erkennen.

Maxie Wander (1933-1977) wuchs in einer Wiener Arbeiterfamilie auf – eine Herkunft, die ihre Weltsicht prägte. Sie arbeitet als Sekretärin. Sie heiratet den österreichischen Schriftsteller Fred Wander, der die deutschen Konzentrationslager überlebt hat, und siedelt mit ihm 1958 in die DDR über. In

Kleinmachnow, wo sie jahrelang lebten, waren wir Nachbarn und eng befreundet. Maxie bekam zwei Kinder, ein drittes adoptierten sie. Nie verwand sie den Schmerz über den Tod ihrer Tochter 1968 durch einen Unfall.

Ein einziges Buch – kein Roman! – machte Maxie Wander in Ost- und Westdeutschland bekannt: *Guten Morgen, du Schöne – Protokolle nach Tonband* (1977). Lange hatte Maxie Wander nach der ihr gemäßen Ausdrucksform gesucht, als Fotografin ihren Mann nach Korsika, nach Paris begleitet, verschiedenartige Texte geschrieben, einige veröffentlicht, immer unzufrieden mit dem Ergebnis. Oft wurde sie überwältigt von der Arbeit als Hausfrau, als Mutter, als Gastgeberin für einen großen Freundeskreis, als Ehefrau. Mit diesen neunzehn Protokollen, die aus Gesprächen mit Frauen hervorgingen, grub sie sich selbst aus, so hat sie es verstanden. Sie hat mit wachem, kritischem Verstand, mit scharfer Beobachtungsgabe und empfindlicher Sensibilität das Leben in dem Land mitgelebt, das ihre zweite Heimat wurde. Was sie am meisten haßte, war Spießertum, das sie wieder aufkommen sah und das sie sarkastisch geißelte. Aber sie sah in dieser Gesellschaft auch die Gelegenheit, Emanzipation anzustreben – für Männer und Frauen – ein Streben, das zu neuen scharfen Konflikten führen mußte: »Wir können uns eigentlich nicht wundern, daß in der sozialistischen Gesellschaft Konflikte ans Licht kommen, die jahrzehntelang im dunklen schmorten und Menschenleben vergifteten. Konflikte werden uns erst bewußt, wenn wir uns leisten können, sie zu bewältigen.«

Und: Wenn wir es uns leisten, sie auszusprechen. »Ich halte jedes Leben für hinreichend interessant, um anderen mitgeteilt zu werden«, mit dieser Maxime begegnet Maxie Wander ihren Gesprächspartnerinnen, und die danken es ihr mit rückhaltloser Offenheit: So hatten »einfache« Frauen, junge und alte, noch nie öffentlich über ihr Leben, die Widersprüche in der Gesellschaft und in der Familie, über ihre Sexualität gesprochen. Die neuen Verhältnisse erlauben es ihnen, belangvolle Erfahrungen zu machen. Frauen registrieren schärfer als Männer, was sie noch oder schon wieder daran hindert, unabhängig zu werden. Nicht auf Effizienz sind sie aus, sondern auf Liebesfähigkeit. Diese Aussagen heute lesend, taucht man in ein anderes, versunkenes Zeitalter ein.

Rückhaltlos freundschaftliche Beziehungen zwischen Menschen herzustellen war das wunderbare Talent von Maxie Wander. Sie erfand das Genre Tonbandprotokolle neu, verwandelte es sich an. Sie lag schon schwerkrank im Krankenhaus, als ihr Buch herauskam und die ersten begeisterten, erschütterten Leserinnenbriefe sie erreichten.

Leben wär eine prima Alternative hat Fred Wander einen der beiden Brief- und Tagebuchbände benannt, die er nach Maxie Wanders Tod herausgab. Nun wurde offenbar, daß sie zeit ihres Lebens unaufhörlich geschrieben hatte. Nicht zufällig nehmen Briefe – Dialoge mit wirklich vorhandenen Gesprächspartnern – und Tagebuchblätter – vertrauliches Sprechen mit und zu sich selbst – den allergrößten Platz in diesem Nachlaß ein. Unverstellt, offenen Gesichts kommt sie uns aus ihren Büchern entgegen.

Brigitte Reimann (1933-1973) hat die Veröffentlichung ihres wichtigsten Buches nicht mehr erlebt. *Franziska Linkerhand* erschien, als umfangreiches Fragment, zuerst 1974, ein Jahr nachdem Brigitte Reimann gestorben war. Zehn Jahre hatte sie an diesem Buch gearbeitet, zuerst in der neuen Stadt Hoyerswerda, wo sie in einer Produktionsbrigade im Braunkohlekombinat arbeitete und in einem der aus Fertigteilen gebauten Häuser wohnte, die ihre Protagonistin, eine junge kompromißlose Architektin, heftig kritisiert: Sie will gerade für die Arbeiter Häuser bauen, in denen sie würdig leben können. Die Ökonomie erlaubt es nicht. Sie schlägt sich erbittert mit den Vertretern des Pragmatismus herum – dies tut auch ihre Autorin; als die Konflikte in der neuen Stadt überhandnehmen, zieht sie nach Neubrandenburg. Sie wird krank und weiß sich über mehrere Operationen, über Krankenhausaufenthalte, noch nach der Bestrahlung unter der Kobaltkanone zu verbergen, wie bedrohlich ihr Krebs ist: So erhält sie sich ihre Arbeits- und Liebesfähigkeit.

Denn arbeiten und lieben gehören bei Brigitte Reimann zusammen, beide kommen aus einer Wurzel. »Ich bin so gierig nach Leben«. Und sie lebt aus dem vollen, läßt die Zügel los, drängt in ihre kurze Lebenszeit zusammen, wonach es sie leidenschaftlich verlangt. Ihre Tagebücher *Ich bedaure nichts* (1997) und *Alles schmeckt nach Abschied* (1998) sind ungewöhnliche Zeugnisse für den Lebenshunger, den Gefühlsüberschwang, die Aufrichtigkeit einer jungen Frau, von der Männer fasziniert waren, die selbst von Männern fasziniert war, blindlings manchmal, himmelhoch jauchzend, zu Tode betrübt, die den Rausch suchte, in einem Moment »schwachsinnig vor Glück«, im nächsten am Boden zerstört, dabei sich und den Freunden treu blieb, sich in Menschen täuschte, nicht in ihrem zunehmend ernüchterten Befund über die Gesellschaft, in der sie lebte.

Erst 1998 erscheint *Franziska Linkerhand* in einer vollständigen Ausgabe. Der Nachruhm von Brigitte Reimann ist verständlich. Die Subjektivität ihrer Bücher spricht die Leserinnen, die Leser direkt an, die komplizierten Liebesgeschichten, die sie beschreibt oder selbst erlebt hat, treffen die Gefühle oder zumindest die Sehnsüchte der Leserinnen, die sich ermutigt fühlen durch die Kühnheit, mit der diese Autorin sich ihnen öffnet. Der Stoff, den die Reimann ergreift und von dem sie ergriffen ist, mag Jüngere befremden: Wer schreibt heute noch einen Roman aus der Produktion? Brigitte Reimann beweist, welch großes Potential für Literatur, für zeitüberdauernde Konflikte in einem solchen Stoff steckt, wenn man ihn als bedeutendes Betätigungs- und Bewährungsfeld arbeitender Menschen sieht.

Die Arbeit an diesem Buch hat Brigitte Reimann nicht aus

der Hand gelegt, solange sie noch einen Stift halten konnte. Sie war besessen vom Schreiben – es war ihr Lebensmittelpunkt.

Und sie verspricht sich selbst: »Im nächsten Heft werde ich vom Glück erzählen.«

Irmtraud Morgner (1933-1990) – die drei Bücher, die das Hauptwerk von Irmtraud Morgner bilden, sind ein Entwurf, der in der deutschen Nachkriegsliteratur seinesgleichen sucht, und sie haben sich über das Vierteljahrhundert hinaus, von dem sie gezeichnet sind, als hervorragend unzeitgemäß bewährt. »Klassisch« kann man diese Unzeitgemäßheit in der deutschen Literatur nennen; meist tritt sie allerdings in kürzeren fragmentarischen Zeugnissen auf, selten in einer derart ausgedehnten Romantrilogie, deren letzter Band allerdings auch ins Fragmentarische vorstößt – nicht aus Unvermögen, aus Kraftlosigkeit oder aus Mangel an Konzentration: Hier wehrt sich eine Schriftstellerin dagegen, als Frau, als Mensch vernichtet zu werden; sie schreibt an gegen die destruktiven Tendenzen ihrer Zeit, die ihr nicht erlaubt, die Materialien, die sie ihr zutreibt, in eine geschlossene Form zu bringen: auch das ist eine Ehrlichkeit des Autors.

Seit Tschernobyl hatte sie die Hoffnung verloren, daß der Planet zu retten ist. Am Beginn des ersten Bandes ihrer Trilogie, der 1974 erscheint, steht noch der Satz: »Das Land ist ein Ort des Wunderbaren.« Frech, geistreich, provozierend, kritisch, rücksichtslos, humorvoll erzählt sie von *Leben und Abenteuer der Trobadora Beatritz nach Zeugnissen ihrer Spielfrau Laura*, ein großer Wurf, der kühne Phantasiefiguren, unterschiedliche Zeitebenen verwebt mit konkreten Alltagsgeschichten gewöhnlicher Leute, die sie unverfroren vom Himmel durch die Welt zur Hölle führt.

Die deprimierende Entwicklung der DDR, die ihr selbst erbitternde Erfahrungen mit der Zensur beschert, der Zustand der Welt bedrücken Irmtraud Morgner immer stärker;

das Grundmotiv ihres Schreibens, die Halbierung der Welt in eine männliche und eine weibliche, bekommt zunehmend Züge von Verzweiflung. Der zweite Band ihrer Trilogie, der »Hexenroman« *Amanda*, erscheint 1983, ungeschminkt reflektiert er auch die Erfahrungen einer alleinerziehenden Mutter in der DDR. »Die Prüfungen eines endlichen Menschenlebens weiblicher Art in Männergesellschaften müssen jeder Frau in allen Augenblicken, da die Verdrängungsarbeit mal ruht, unabsehbar erscheinen.« Wenn, füge ich hinzu, dieses weibliche Leben nicht auf Sich-Bescheiden, auf Anpassung angelegt ist, sondern rigoros auf einem radikalen Anspruch besteht, dem Anspruch auf Ganzheit. »Am Anfang war die andere Tat«, stellt Irmtraud Morgner dem ersten Band ihrer Trilogie als Motto voran. Die Autorin, die sich noch im Rückzug tapfer wehrt gegen die Dunkelmänner und die »Dunkelweiber«, gibt ihre Schreibarbeit, die »andere Tat«, nicht auf. Sie ist über diesem Kampf gestorben, sie hat den Krebs, der sie getötet hat, als eine Folge der Verkrampfungen und Abwehrhaltungen gesehen, zu denen ihr Körper über Jahre hin gezwungen war. Den Textstücken ihres letzten Buches, dem Fragment gebliebenen *Hero(i)schen Testament* folgend, erleben wir noch einmal die Suche nach dem realen Ort, da Hero, Laura Salman, Amanda die Hexe leben könnten. Es gibt ihn nicht. »Wer beide Systeme kennt, steht im Niemandsland mit seiner Phantasie.« Irmtraud Morgner hat den unbestechlichen Blick. Die Wiedervereinigung der durch Entfremdung gespaltenen Menschenhälften ist nicht in Sicht. »Die Chance eines Jahrhunderts vertan.« Nur durch die Liebe blüht die Utopie noch einmal auf.

»Ich selber kann nicht leben, ohne mich meiner Utopie zu erinnern. Und einigen Menschen wird es ähnlich gehen. Für mich und für die schreibe ich.«

Diese Menschen müssen für die Bücher der Morgner erst wieder gefunden werden.

2003

An Konrad Wolf erinnern

1. Zum Gedächtnis

Für mich war Konrad Wolf eines, vielleicht *das* Beispiel für einen Menschen, der sich in den Konflikten nicht der letzten vierzig, sondern vielleicht der letzten zwanzig Jahre zerrieben hat. Ich gehe sogar so weit, zu sagen, daß er nicht mehr leben konnte und daß er in einem Moment gestorben ist, in dem er keinen Spielraum mehr hatte. Mein Verhältnis zu ihm ist auch von diesen Spannungen gekennzeichnet und war nicht immer gleich, nicht immer gleich stark, nicht immer gleich eng und auch nicht immer gleich übereinstimmend.

Wir haben uns 1961 kennengelernt. Da war er auf einen Vorabdruck meines ersten, glücklicherweise vergessenen Büchleins *Moskauer Novelle* aufmerksam geworden und kam und wollte es verfilmen. Es war klar, daß dieser Stoff ihn reizen mußte, weil er ihm die Möglichkeit gab, seine russische Vergangenheit zu verbinden mit seiner neueren, deutschen Geschichte. Denn wir sollen uns doch klarmachen, daß Koni, als er in den Krieg ging, ein Russe war, sich als Russe fühlte und nicht als Deutscher, daß er später schwer lernen mußte, Deutscher zu werden, daß das zu den Reibungsflächen gehörte, die sein Leben dann hier bestimmten, und daß vieles sich auch daraus mit erklären läßt. Jedenfalls: Wir haben an diesem Film gearbeitet, das Drehbuch war fertig. Das gehörte dann zu den zahlreichen abgebrochenen Projekten. In diesem Fall war es die sowjetische Seite, die sagte, so einen schwachen Russen und so eine starke Deutsche wollen sie nicht auf der Leinwand sehen.

Also: Das wurde abgebrochen. Das hat mir damals sehr weh getan, weil ich fürchtete, daß damit die Zusammenarbeit mit Konrad Wolf zu Ende wäre, der mir sehr nahegekommen war, der mir sehr sympathisch gewesen war und von dem ich den Eindruck hatte, daß ich von ihm – nicht lernte, das ist nicht das richtige Wort, sondern es war eine andere Art der Osmose, die da stattfand.

Er kam dann aber wieder, als *Der geteilte Himmel* erschien, und hat, wie man weiß, diesen Film dann wirklich gemacht, obwohl *Der geteilte Himmel* in Halle, wo der Film gedreht werden mußte, im Waggonwerk Ammendorf, sehr kritisiert worden war, in der dortigen Bezirkszeitung *Freiheit*, und zwar, wie wir erst später erfuhren, auf Betreiben von Horst Sindermann, dem 1. Sekretär der Bezirksleitung. Mir war sehr interessant zu sehen, wie Konrad Wolf, der das auch wußte, mit Sindermann umging und wie er ihn für diesen Film dann doch gewann, so daß es nachher so aussah, als ob Sindermann der größte Förderer dieses Films gewesen wäre. Dabei habe ich gelernt, aber es war nicht meine Art, mit Leuten umzugehen.

Wir haben dann weiter gearbeitet. Dabei war immer auch mein Mann, und dabei waren Dramaturgen von der DEFA. Ein sehr interessantes Projekt, das ich nennen sollte, war *Ein Mann kehrt heim*. Da war wieder so etwas, wo er seine ganz einmalige Erfahrung hätte einbringen wollen. Wir wollten einen jungen Mann schildern, den wir auch persönlich kannten, Sohn eines Emigranten, der, aus der Sowjetunion zurückgekehrt, die DDR erlebt. Die Stationen, die er in der DDR durchlaufen sollte, sollten kritisch gezeichnet werden. Wir waren mitten in der Arbeit an diesem Film, als das 11. Plenum des ZK der SED kam. Danach war es klar, daß dieser Film überhaupt keine Chancen hatte.

Bei diesem erwähnten Plenum saß ich dabei, als die Reden gegen die Kunst gehalten wurden. Die Kunst war nur der Prügelknabe und der Sündenbock für die wirtschaftlichen Probleme, die damals nicht erst ihren Anfang nahmen, sondern eigentlich schon weit hinein böse waren, was wir damals allerdings noch nicht wußten. Da ging ich jeden Abend nach der Sitzung zu Konrad Wolf und erzählte ihm, was los gewesen war, er war damals noch nicht Akademie-Präsident, und wir sprachen darüber, wie man sich verhalten sollte. Als dann in diesem Plenum die berüchtigte Rede von Fröhlich, dem Bezirkssekretär von Leipzig, gelaufen war, wo er den Schriftstellerverband mit dem Petöfi-Club verglich, also mit einer »Konterrevolutionären Vereinigung«, und ich daraus entnehmen mußte, daß eine große Vernichtungsaktion gegen den Verband einsetzen würde, habe ich Koni das sehr aufgeregt erzählt. Da sagte er: »Jetzt mußt du sprechen.« Ich will damit sagen, er hat einen Hauptanteil daran, daß ich dann dort gesprochen habe, weil er das für wichtig und nötig hielt.

Sein Leben? Tragisch – ja, aber auch wieder nicht. Denn an sich ist es in dieser Zeit normal, jedenfalls für einen Kommunisten, wie Konrad Wolf einer war, daß er den argen Weg der Erkenntnis ging und daß er keine Station ausgelassen hat. Ich muß sagen, daß ich nicht immer mit ihm einverstanden war oder vor allem er nicht immer mit mir, weil er glaubte, ich sei zu absolut, meine Forderungen gingen zu weit. Aber es gab keinen einzigen Moment, in dem ich nicht gewußt hätte, daß ich absolutes Vertrauen zu ihm haben konnte. Und ich habe es auch in mehreren sehr kritischen Momenten benutzt, indem ich ihm schonungslos meine Probleme erzählte und immer wußte, daß ich sie ihm sagen konnte, daß er sich sehr bemüht hat, mich zu verstehen, auch da, wo er nicht meiner Meinung war. Das ist ein Charakterzug von ihm gewesen – er hat sich wirklich sehr gequält in den letzten Jahren –, den ich sonst sehr selten gefunden habe.

In der Entwicklung unserer Kunst in diesen Jahrzehnten haben wir viel Gruppenbildung erlebt. Das wurde uns auch immer nachgesagt. Es bildeten sich Gruppen von Kollegen, die dasselbe wollten, die miteinander ganz offen sprachen und versuchten, etwas zu tun. Dafür mußte man sich von anderen trennen. Da waren dann andere, mit denen man nicht mehr konnte, nicht mehr offen sprach und auch die Bezienungen regelrecht abbrach. Nach der Ausweisung Biermanns war das ein massenhafter Prozeß, wo neue Freundschaften entstanden und alte Kollegialitäten, Genossenschaften, Freundschaften total zugrunde gingen und auch nicht wiederaufgenommen werden konnten. Konrad Wolf war ein Mensch, mit dem das nicht passierte. Ich habe mehrere Gespräche mit ihm gehabt, in denen ich ihn beschimpft habe, zum Beispiel, daß er mit Peter Weiss nicht offen sprach. Ich habe Peter Weiss immer gesagt, was ich über die DDR wußte, weil ich dachte, ein Mensch, der so konfliktbereit, so offen und so freundschaftlich gesinnt ist, muß auch wissen, was wirklich los ist. Ich kann mich noch genau erinnern: Es war an einer Garderobe, da standen wir mit Konrad Wolf und haben gesagt: Warum redest du mit Weiss nicht offen, du hast doch die gleiche Meinung wie wir! Er sagte: »Warum soll ich ihm Probleme unterbreiten, mit denen ich selber nicht fertig werde?« Das war, glaube ich, zehn Jahre vor seinem Tod. Also diese Probleme waren nicht etwa erst in den letzten Jahren bei ihm so quälend und so stark. Wer den *Goya*-Film gesehen hat, weiß, wie es in ihm aussah.

Ich möchte, daß wirklich diese unerhörte Spannung, in der er gelebt hat und unter der er vielleicht mehr als jeder andere gelitten hat, deutlich wird. Das hängt natürlich zusammen mit dem, was seine Kindheit, was seine Herkunft war. Genau das habe ich immer respektiert, weil ich es nur verachten kann, wenn jemand sein Leben wegwirft und sich verleugnet. Davon war bei Konrad Wolf auch nicht die Spur jemals zu erwarten. Das hat uns immer in einem Kontakt gehalten.

1990

2. *Ein Bericht*

Als ich erfuhr, daß er todkrank sei, war meine Reaktion Unglauben, der törichte Gedanke: Aber er war doch eben noch gesund. Gegen meinen Willen leuchtete es mir dann plötzlich ein, daß er jetzt starb. Ich weiß nicht mehr, ob ich meinem Gefühl innerlich Worte gab. Heute, vier Jahre später, würde ich sagen, daß er an ein Ende gelangt war, von dem aus sich für ihn neue Möglichkeiten nicht mehr eröffneten.

Nicht nur, daß er selbst sie nicht mehr sah, sie waren für ihn nicht mehr vorhanden. Nicht in der Arbeit, nicht in der Liebe, nicht in der Politik. Wenige Wochen später war er tot.

Die Trauerfeier in der Akademie war ein Regierungsakt. Wir saßen in einer der letzten Reihen des ansteigenden Saales, den man heute Konrad-Wolf-Saal nennt. An den Inhalt der offiziellen Rede erinnere ich mich kaum. Es hat keinen Sinn, sie nachzulesen. Vorne in der ersten Reihe saß die Frau, mit der er zuletzt kurze Zeit gelebt hatte, weiter hinten saß die Frau, mit der er gerade ein Kind bekommen hatte, als wir ihn kennenlernten. Ernst Busch sang von einer Platte. Wir waren gebeten, zur Beisetzung nach Friedrichsfelde hinauszufahren. Mein Mann fragte einen der Ordner draußen vor der Akademie nach dem besten Weg. »Das finden Sie schon«, sagte der. Wir bogen also in die Linden ein und wußten plötzlich, was er meinte. Vor uns lag eine geisterhaft leere Straße. Da die höchsten Repräsentanten des Staates im Konvoi mitfuhren, waren die Straßen leergefegt von anderen Fahrzeugen und Menschen. Es war Nachmittag, eine Zeit starken Verkehrs. An allen Nebenstraßen stauten sich die Fahrzeuge. Mit wachsender Beklemmung fuhren wir ganz alleine die Trauerpiste entlang. Es hatte sich kein wirklicher Konvoi gebildet. Wir sahen vor und hinter uns kein anderes Fahrzeug.

Wie hätte er das aufgenommen? dachte ich. Die ganze

Karl-Marx-Allee, dann die Frankfurter – leer. Leer, wie ich sie am Tage noch nie gesehen hatte. Die Leute, für die der Mann, der jetzt beerdigt wurde, seine Filme hätte machen wollen, die standen zurückgedrängt hinter den Sicherheitsketten der Absperrposten. Und auf den Straßen, durch die wir fuhren, patrouillierten die Doppelposten der jungen Burschen vom Wachregiment in Zivil, mit ihren Handgelenktäschchen und ihren olivgrünen Anoraks. Eine Geisterstadt, präpariert zu seinen Ehren. Es war makaber, und es war, so dachte ich, unverdient. Aber zufällig war es natürlich nicht. Und ich konnte auch nicht leugnen, daß diese Inszenierung ein Sinnbild war, das stimmte. Am Grab standen dann sehr verschiedene Leute, und ich glaube, ihrer aller Trauer war echt. Honecker trauerte echt. Und auch ich vergoß echte Tränen. Am Grab standen seine Söhne aus verschiedenen Ehen. Sie sahen ihm auf unterschiedliche Weise ähnlich. Ich gab zum ersten Mal (aber nicht zum letzten, wie ich jetzt weiß) seinem Bruder, dem Abwehrchef der Staatssicherheit, die Hand, der sich bei dieser Gelegenheit zum ersten Mal in der Öffentlichkeit zeigte. Honecker, seine Frau, Stoph, Hager, sie stolperten, alte Leute in ihren dunklen Mänteln, mit ihren steifen Hüten, über die Gräber davon, eine Gruppe von Familienangehörigen, die ein bißchen desorientiert vom Begräbnis eines jüngeren Verwandten kommen. Es war am 12. März 1982, kühl, ein wenig regnerisch, der Boden aufgeweicht. Rundherum die niedrigen Grabsteine der anderen Gräber der hier beerdigten Sozialisten. Mir war bewußt, daß ich nicht nur um ihn trauerte. Die Geschichte dieser zwiespältigen, mehrschichtigen Trauer war auch oder könnte auch erzählt werden als die Geschichte einer versuchten, zeitweise geglückten, dann sich verlierenden Freundschaft, die nicht abgebrochen wurde, die auslief – schmerzlich für mich –, die nie ganz am Ende war, in Krisenpunkten plötzlich wieder aufleben konnte, als Vertrautheit, als unbedingtes Vertrauen.

Am Ende waren wir uns nicht mehr so nahe, daß ich ein Recht darauf gehabt hätte, ihm im Krankenhaus zu besuchen. Falls es mir gelingt, mich nicht nur der äußeren Situationen, auch der inneren Geschichte unserer Beziehung zu erinnern, würde ich wohl auch große Stücke meiner eigenen, besonders meiner politischen Geschichte zutage fördern. Zwar habe ich nicht den Eindruck, daß dies heute noch viele Menschen interessiert. In rasende Eile, so scheint mir, verfallen die Ideale und Motive, die unsere Generation geprägt haben. Nicht nur, daß die Jüngeren sie ablehnen, sie fragen überhaupt nicht danach. Das ist merkwürdig. Und es war natürlich bei uns anders. Wir mußten die Älteren fragen, um moralisch zu überleben. Aber dieses Desinteresse gibt mir, finde ich, auch eine größere Freiheit im Zurückdenken.

1986

Zur Person: Günter Gaus

1. Ein Brief

Lieber Günter Gaus,

nicht der »alte Adam« oder die »alte Eva« – jene beiden Personen, die Sie von allen Damen und Herren unserer Kulturgeschichte am innigsten lieben und mit denen Sie Ihre oft verdutzten Gesprächspartner am häufigsten konfrontieren, sondern ausgerechnet ich soll Ihnen zum Geburtstag gratulieren. Das hätte ich ja sowieso getan, nur unterscheidet sich eine öffentliche von einer privaten Gratulation. Worin eigentlich. In einer »privaten« hätte ich Sie wohl an den Streit gestern abend in unserer Küche erinnert – nicht, um ihn beizulegen, sondern um ihn fortzuführen. Warum sollte ich das nicht auch öffentlich tun können, besonders da ich Ihnen eine Antwort schuldig blieb und ein Ehrgeiz mich treibt, sie nachzureichen. Sie erinnern sich, es war der Wahlabend. Euphorisch waren wir nicht gerade, aber auch nicht sehr überrascht. Überrascht war ich, das gebe ich zu, eher von Ihrem unversöhnlichen Ernst, als wir – oder Sie? – auf jene Entwicklungen in unserer nun vereinten Nation zum Nationalismus hin zu sprechen kamen und als Sie Leute, die Ihrer Sympathie sonst sicher sein können, mit harschen Worten des unverantwortlichen Optimismus bezichtigten, obwohl, soviel ich sehen konnte, wir so Kritisierten nicht weit, gar nicht weit von Ihrer schweren Sorge entfernt waren. Mir kam es so vor, als würde schon die Haaresbreite eines Meinungsunterschieds in dieser Frage Zorn und Schmerz in Ihnen aufflammen lassen und, ich sagte es, unversöhnlichen Ernst.

Dabei ist doch sonst das Lachen, auch das Hohn- und Schadenfreudegelächter, Ihnen sehr lieb, übrigens auch eine bestimmte Art von halbverstecktem Lächeln und offenem, breitem Grinsen: Jedem, wie er's verdient. Fast meine erste Erinnerung an Sie – natürlich bezieht sie sich auf die Ständige Vertretung der Bundesrepublik Deutschland in der Deutschen Demokratischen Republik – ist ein zu vorgerückter Stunde vor mir hockender Ständiger Vertreter, der sein Gesicht auf gleiche Höhe mit dem meinen bringen wollte (ich saß tief auf einem Schemelchen) und einiges mit mir beredete, was, wie wir beide hoffen mochten, in dem Stimmengewirr rund um die sicherlich empfindlichen Empfangsgeräte in diesem öffentlichen Raum entgehen sollte. Und ich entsinne mich, in welch kunstvollen Mäandern man bei Ihnen zu acht, oder zehnt, oder zwölft an der ovalen Tafel in Ihrer Residenz das Gespräch führte, so offen, daß diejenigen, die sich außer den Anwesenden dafür interessierten, getäuscht werden konnten durch unsere Arglosigkeit, aber akustisch eine Grenze nicht überschreitend, die durch Mienen, Blicke, Gesten wiederum mißachtet wurde. Ach, so kunstvoll reden wir nun nicht mehr miteinander, oder zueinander, oder, indem wir uns anzureden vorgeben, zu jemandem, der nicht anwesend ist. Nostalgie? Mitnichten, mitnichten. Unvergessen der Absturz in die Depression schon auf der Heimfahrt nach der gehobenen Heiterkeit des Abends bei Ihnen und Ihrer Frau.

Die DDR hat Sie verdorben, haben wir später manchmal zu Ihnen gesagt, ein Vorwurf – oder Lob? –, den oder das Sie entschieden zurückwiesen, mit Recht, glaube ich; denn wenn nicht die Möglichkeit in Ihnen gesteckt hätte, auf diese Art »verdorben« zu werden, eine fulminante vorurteilsfreie Neugier nämlich, dann wären Sie eben in aller Ruhe auf Ihrem besser bezahlten »Spiegel«-Sessel sitzen geblieben, anstatt sich auf das schwer überschaubare, Ihnen gewiß sehr fremde Gelände jenes zweiten deutschen Staates zu begeben, den Sie nun, da er nicht mehr existiert, Ihren, unseren Landsleuten westlich der Elbe zu erklären suchen. Vermute ich richtig, daß ein Teil der Verzweiflung, die ich Ihnen manchmal anzuspüren glaube, daher rührt, daß Sie diese Bemühungen für wenig erfolgreich halten? Sicherlich: Das tonangebende Feuilleton und die von ihm beeinflußten Leser überzeugen Sie nicht, die zahlen Ihnen ihre eigene Unbelehrbarkeit mit schneidendem Tadel heim, aber das muß ich Ihnen nicht sagen, es wäre eine Retourkutsche, nicht wenig Zeit haben Sie daran gewendet, es *mir* beizubringen; denn natürlich lassen Sie es sich auch angelegen sein, Ihren Landsleuten östlich der Elbe zu erklären, wie der größere deutsche Staat funktioniert, der sich als der »eigentliche« sieht und dem wir nun alle angehören. Ein beharrlicher Brückenbauer, das muß man Ihnen lassen, aber auch ein fein unbequemer Platz zwischen allen Stühlen, den Sie sich da durch mehrere Bücher, durch eine Reihe von (mich) jedesmal erhellenden Artikeln und, nicht zuletzt, durch jene Fernsehreihe verdient haben, die, von Ihrem ersten Beitrag vor mehreren Jahrzehnten an, ein eigenes Genre und einen eigenen Ton in dieses Medium nicht nur eingebracht, sondern, fast noch erstaunlicher, auch durchgehalten hat: nämlich eine faire, wenn auch nicht schonende, insistierende, neugierige, menschliche Art und Weise, einen Mann oder eine Frau »Zur Person« zu befragen – so daß die am guten Ende etwas mehr von sich selber weiß als vorher, ganz gewiß die Zuschauer Zeugen einer gleichberechtigten Begegnung zwischen zwei Menschen waren und, lassen Sie mich diese Vermutung äußern, auch Sie sich über die Jahre hin besser kennenlernten, indem Sie sich durch Ihre Art, Fragen zu stellen, selbst kenntlich machten.

Sie wissen, daß diese Ihre Reihe »Zur Person« einmal zu den wichtigen Zeugnissen über unsere Zeit gehören wird, und Sie wissen sicherlich auch, daß Sie zu den glücklichen Menschen gehören, die in ihrem Leben genau das machen konnten und es, zum Teil, noch immer können, was allein ihre Sache ist; daß Sie Aufgaben an sich gezogen haben, die niemand anders so hätte erfüllen, ausfüllen können, und daß Sie die Gabe haben, sich mit Menschen zu verbinden, die Ihnen dabei zur Seite stehen; Sie werden mir gestatten, daß ich Ihre Frau an erster Stelle nenne und meine Freude darüber äußere, daß auch Sie selbst dies oft tun; aber auch in Freundschaften sind Sie treu und unangefochten durch den Wandel der Zeiten und die dadurch entstehenden oder absichtlich herbeigeführten wechselnden Beleuchtungen – das will ich gerne bezeugen. Ein Feingefühl, das sich auch in polternder Zurechtweisung ausdrücken kann; wissen Sie noch, das war im mexikanischen Restaurant hoch oben über Santa Monica, Kalifornien, die Sendung, deretwegen Sie Ihre Flugangst überwunden hatten und mit Hilfe der Lufthansa und jenes Weines, den Sie an ihr schätzen, über den Ozean gekommen waren – ein Freundschaftsdienst sowieso –, die Sendung war im Kasten, wir waren beide sehr nervös, das Lampenfieber klang, jedenfalls bei mir, nur langsam ab, ich sagte etwas, das Sie kränkte, jedenfalls taten Sie so, fuhren mich an, ich hatte Lust, in Tränen auszubrechen, und unser junger Freund vom ORB saß staunend dabei und blickte von einem zum anderen. Eine Flasche jenes Lufthansa-Weines und den Rest des Whiskys aus Ihrem Handgepäck hinterließen Sie mir, als Sie zwei Tage später nach Deutschland zurückflogen, wo zu Ihrer nicht geringen Verzweiflung der Kampf um die Macht in der Gegenwart wieder einmal in der Maske der Vergangenheitsbewältigung tobte (natürlich nur die der DDR, der andere deutsche Staat hatte ja keine Vergangenheit) und etwelche Biedermänner sich und die Nation mit Aktenfunden in Atem hielten, während gleichzeitig eine erkleckliche Masse von Besitz, insbesondere Immobilien, von Ost nach West rückübertragen und den kapitalschwachen Ostdeutschen durch die gründliche Änderung der Eigentumsverhältnisse sehr lange ihr Platz in der Hierarchie des vereinigten Deutschland zugewiesen wurde. Vorher aber saßen wir noch, erinnern Sie sich, auf jener Bank am Strand von Malibu und genossen den Augenblick, das Licht, die Wärme, das Gefühl, am äußersten Rand eines großen Kontinents zu sein, irgendwann sagten Sie, der Vorwurf, Sie hätten sich radikalisiert, treffe überhaupt nicht zu, nur habe sich das Land, in dessen Mitte Sie sich aufgehalten hätten, in kurzer Zeit so weit nach rechts bewegt, daß Sie sich auf einmal an seinem linken Rand wiederfänden. Opportunismus ist Ihre Sache nicht, ich weiß nicht, ob Sie das »Mut« nennen würden, was Sie praktizieren, vielleicht einigen wir uns auf Zivilcourage.

Dabei sind Sie doch – aber das ist ja kein Widerspruch – ein beharrlicher Fürsprecher des Rechts auf Anpassung für andere, für die gar nicht so »kleinen« Leute, die, wie Sie immer sagen, dem Zwang der Verhältnisse schärfer ausgesetzt sind als Sie und ich, dem alten Adam und der alten Eva eben, die Sie in der DDR in ihren Nischen aufgespürt haben, denen Sie nicht den leichtsinnigen Höhenflug des Ikarus anempfehlen, der bekanntlich mit Absturz endet, sondern den beständigen Handwerkerfleiß des Dädalus; der nun aber, halte ich Ihnen dann vor, hat ja jene Flugmaschine nicht nur gebaut, auch erfunden, und wenn ein solches Ding erst mal gemacht ist, so muß sich ja einer finden, der es ausprobiert. Und vielleicht abstürzt. Aber das soll auf unseren nächstbesten Küchenkonferenzen, vielleicht wieder mal bei mecklenburgischen Flußkrebsen, beredet und in Spruch und Widerspruch hin- und hergewendet werden. Bis dahin haben Sie, gleicher Jahrgang wie ich, mich dann also im Alter eingeholt, Sie werden sehen, das ist gar nicht ein solcher Einschnitt, wie er uns eingeredet wird, und so erlaube ich mir, Ihnen zu wünschen, daß Sie auch in Zukunft zur Belebung der deutschen Szene beitragen und Ihren Freunden und Feinden in alter Frische begegnen mögen. Gesund sollen Sie sein und noch viele Male mit Ihrer Frau über Amerikas Freeways fahren können und irgendwann vielleicht auch noch mal mit mir im Auto – es muß ja kein Mietwagen sein – durch eine schöne Landschaft – es muß ja nicht der Sunset-Boulevard von Los Angeles sein –, und dann sollten wir wieder gute Laune kriegen und lauthals jene Lieder singen, die wir gemeinsam kennen und die wir, das haben wir ja ausgemacht, niemandem verraten werden.

Ihre Christa Wolf

1994

2. *Ein Abschied*

Das letzte Mal sprach ich mit Günter Gaus am Telefon, zwei Tage ehe er zu seiner Operation ins Krankenhaus ging. Er habe bis zuletzt an dem Kapitel seiner Autobiographie geschrieben, das er unbedingt beenden wollte. Das Ganze bleibt nun Fragment, das uns hoffentlich zugänglich gemacht wird. – Ich verdrängte den Gedanken, es könnte das letzte Mal sein, daß ich seine seit einigen Jahren heisere Stimme hörte. Ich sagte ihm einige Zeilen von Goethe. Die solle ich ihm faxen. Ich tat es: *Ich weiß, daß mir nichts angehört / Als der Gedanke, der ungestört / Durch meine Seele will fließen./ Und jeder günstige Augenblick / Den mich ein gütiges Geschick / Von Grund auf läßt genießen.* – Er starb. Das inständige Wünschen hat nicht geholfen.

Das erste Mal begegnete ich ihm in der Ständigen Vertretung in Ostberlin. Es war eine jener Veranstaltungen, bei der DDR-Bürger mit Westdeutschen, aber auch DDR-Bürger untereinander, die sich sonst kaum sahen, zusammenkamen. Ich hatte mich auf ein niedriges Bänkchen gesetzt, Gaus hockte sich neben mich und sagte: Ich freue mich, daß Sie hier sind. Ich hoffe, Sie halten durch und kommen öfter.

Wie oft wir uns seitdem getroffen haben, kann ich nicht zählen. Die Dichte der Begegnungen nahm nach der Wende erheblich zu, die Gelegenheiten waren vielfältig. Fast immer wurden es große Palaver über alles, was die Zeit uns an Themen zutrieb. Ein paarmal las er uns Kapitel aus seinem entstehenden Buch vor, begierig auf positive Rückmeldung. Häufig aßen wir zusammen, bei uns in Berlin oder in Mecklenburg, wobei wir zu berücksichtigen hatten, daß Gaus beim Essen »eigen« war, wie seine Frau sich ausdrückte. Ja, sagte er nicht ohne Stolz, er könne sich abwechselnd von Verlorenen Eiern und von Käse-Fondue ernähren. Allerdings: Kaviar mit sehr fein geschnittenen Zwiebeln und kleinen jungen Kartoffeln mit Butter übertraf alles. Einige Male besuchten wir ihn und seine Frau in Reinbeck. Einige Male führte er uns in Berlin zu einem Italiener, ein Geheimtip, und ergötzte sich an unserer Begeisterung, zwang uns Delikatessen auf und aß selbst immer dasselbe: ein Nudelgericht. An Gewohnheiten hielt er fest.

Daß er ein exzellenter Diplomat, ein brillanter Journalist gewesen ist, hört man jetzt von allen Sendern. Es gab Jahre, da fand man seinen Namen kaum in den Medien: Er hielt etwas zu starrköpfig an seinen Überzeugungen fest. Zu denen gehörte: Die deutsche Einheit muß, so wie sie betrieben wurde, mißlingen. – Ein ungebremster Kapitalismus mit hemmungsloser Profitgier zerstört die Zukunft der nächsten Generationen. – Eine Politik, welche die Ärmeren ärmer und die Reichen reicher macht, unterhöhlt die Grundlagen eines demokratischen Gemeinwesens. – Er konnte sehr zornig sein und schrieb auch so. In letzter Zeit war er erfüllt von Skepsis und Trauer.

Er hielt auch an Menschen fest. Er war ein verläßlicher Freund. Einmal, als er glaubte, es könnte mir helfen, flog er trotz Flugangst bis nach Los Angeles, um mich »Zur Person« zu befragen. Demonstrativ besuchte er die Leute, die in Ungnade gefallen waren. Man muß altmodische Wörter für ihn verwenden: er war anständig. Er hatte Zivilcourage. Er war mitfühlend und hilfsbereit. Er hat sich hinter den Kulissen für so manchen Vergessenen eingesetzt. Er war ein nobler Mensch.

Aber: Er konnte absichtsvoll ungerecht sein. Er überreagierte an überraschenden Punkten. Er stritt sich eifernd über Nichtigkeiten, daß nur noch seine Frau ihn besänftigen konnte. Und dann konnte er über all diese Schwächen mit uns lachen.

Überhaupt: lachen! Wie gerne haben wir miteinander gelacht. Einen unerschöpflichen Vorrat von Anekdoten hat er vor uns ausgebreitet. Hohn und Spott goß er über die aus, die es nach seiner Meinung verdienten. Genußvoll legte er die geheimen Triebfedern und Umtriebe hinter der Oberfläche der Erscheinungen bloß.

Ein scharfsinniger Denker sei er gewesen, hören wir jetzt. Wohl wahr. Wer aber weiß, daß Günter Gaus ohne Literatur, ohne Gedichte nicht sein konnte? Daß er eine Lyrikanthologie auf alle Reisen mitnahm? Daß er Musik liebte? Daß er sich in einer Kunstausstellung in ein Blatt verguckte, zum Beispiel in eine mecklenburgische Landschaft, das er sofort kaufte? Daß er Respekt, ja Ehrfurcht vor den Menschen empfand, die den zerstörerischen Kräften in der deutschen Geschichte Widerstand geleistet haben?

Ich habe noch gar nicht angefangen, mich an Günter Gaus als an einen nicht mehr Lebenden zu erinnern. Ich kann es noch nicht.

2004

Kurt Sterns Tagebücher

Der Reiz von Tagebüchern besteht in ihrer Unmittelbarkeit, aber auch, besonders für die Nachgeborenen, in der Unwissenheit dessen, der sie schrieb: Er konnte nicht wissen, »wie es weitergeht«. Wenn Prosa der »raunende Beschwörer des Imperfekts« ist, wenn sie zu erzählen und zu deuten versucht, was gewesen ist, vielleicht auch, wie es geschehen konnte, so sagt das Tagebuch, oft atemlos, oft mitgenommen, im Präsens, was dem Tagebuchschreiber geschieht: Jetzt, an dem heutigen Tag. Es überläßt sich dem Zeitstrom, ohne wissen zu können, wohin er es treiben wird. Es reitet auf der Welle. Wie ein Senkblei, wie ein Meßinstrument, auch wie eine Halteleine wirft der Schreibende es in diesen Strom, setzt es der Willkür der Strömung, der Gewalt der Wirbel, der wechselnden Witterung aus, riskiert Fehleinschätzungen und Irrtümer, gibt sich selbst Rechenschaft über seinen Standort in einer sich auflösenden Welt und vergewissert sich seines Daseins.

Dies alles fällt mir ein, während ich die Tagebücher von Kurt Stern lese. Kurt Stern, den ich dreißig Jahre lang kannte, den wir unseren Freund nennen durften und von dem ich hier doch einiges erfahre, was ich nicht wußte. Diese Tagebuchaufzeichnungen des Zweiunddreißigjährigen aus zwei Internierungslagern zu Kriegsbeginn in Frankreich und die ihnen beigefügten etwas späteren Briefe von Freunden der Sterns liegen lange vor der Zeit, in der wir uns, in der DDR lebend, trafen. Unsere Berufe führten uns zusammen: Jeanne und Kurt Stern (man muß beide immer gemeinsam nennen) gehörten zu der Gruppe von emigrierten Schriftstellern, die, in diesem Fall aus Mexiko, früh in das Deutschland der Nachkriegszeit zurückgekehrt waren, als Linke, als Kommunisten ausdrücklich in die sowjetische Besatzungszone, die später zur DDR wurde. Sie haben in den ersten Jahren maßgeblich das kulturelle Leben in diesem Teil Deutschlands geprägt. Ich machte meine ersten Schritte als Redakteurin, Lektorin, dann als Autorin und traf in allen Institutionen, in denen ich tätig war, auf diese älteren Genossen. Wir Jüngeren, belastet mit unserer Kindheit in Nazi-Deutschland und dringlich auf der Suche nach Alternativen, fragten die Älteren nach ihrer Vergangenheit, nach ihren Erlebnissen, nach ihrer Geschichte aus. Nicht alle gaben uns so offen Bescheid wie Jeanne und Kurt Stern. Erst allmählich begriff ich, daß die Widersprüche in der Geschichte der Kommunistischen Partei, in welche die zurückgekehrten Emigranten verwikkelt waren, es ihnen schwermachten, über bestimmte Etappen ihrer eigenen Entwicklung zu sprechen. Ihre Bücher, Theaterstücke, die sie aus der Emigration mitbrachten oder neu schrieben, ihre Filme, ihre Reden in Versammlungen, die Gespräche mit ihnen waren für uns die grundlegende Schule des Antifaschismus. Ich las damals die Novelle von Vercors: »Das Schweigen des Meeres«, »Waffen der Nacht«, übersetzt von Kurt Stern, der Film »Stärker als die Nacht« von Jeanne und Kurt Stern gehörte in die Reihe der frühen einprägsamen antifaschistischen DEFA-Filme. Ich greife voraus, wenn ich ihre Dokumentarfilme über den Spanischen Bürgerkrieg und ihre Reportagen aus dem vom Krieg zerstörten Vietnam noch nenne, um verständlich zu machen, daß dieser Fund der frühen Tagebücher von Kurt Stern für mich eine besondere Bedeutung hat.

Kurt Stern hatte, im Wortsinn, ein markantes Profil: Aus einem abgezehrten, fleischlosen Gesicht mit tiefliegenden intensiven Augen ragte eine überdimensionale knöcherne Adlernase hervor. Als ich ihn kennenlernte, war sein Haar schon grau, da ging er auf die Fünfzig zu, und es wurde immer grauer, dann weiß in den Jahren unserer Bekanntschaft. Seine hochaufgeschossene, magere Gestalt, leicht gebeugt, ragte aus jeder Menge heraus. Ich erinnere mich, daß er sich in bestimmten Situationen spöttisch-selbstkritisch einen »Don Quichote« nannte, sich des Anachronismus bezichtigend. Wir münzten diesen Namen in einen Ehrennamen um: In manchen Zeiten ist Anachronismus gleichbedeutend mit Menschlichkeit. Übrigens hat der Don Quichote auf der berühmten Zeichnung von Pablo Picasso Ähnlichkeit mit Kurt Stern.

Kurt Stern gehörte zu den Menschen, auf die man sich unbedingt verlassen konnte. Wie oft saßen wir mit ihm und Jeanne zusammen, in ihrem Haus oder in dem Garten in Pankow, später in ihrer Hochhauswohnung in der Karl-Marx-Allee. Aus den Dokumenten, die hier unter dem Titel »Was wird mit uns geschehen?« veröffentlicht werden, erreicht mich ein Nachhall der vielen Gespräche, die wir hatten, der Namen, mit denen sie uns bekannt machten. Wir hörten ihnen zu. Immer häufiger trieb uns aber über die Jahre hin der Wunsch nach einem offenen Gespräch zu ihnen, in dem wir unsere politischen Fragen, Zweifel und Konflikte ohne Rückhalt ausbreiten konnten. Bei Jeanne und Kurt stießen wir meist auf die gleichen Zweifel und Konflikte, oft auf zornige Kritik an dogmatischen Entscheidungen und dem zunehmenden Realitätsverlust der Bürokratie. »Ist es ein Verdienst, niemals gezweifelt zu haben?« lese ich in dem ersten Tagebuch und finde bestätigt, wie weit in die Vergangenheit der älteren Kommunisten diese Auseinandersetzung mit den Fehlentwicklungen in ihrer Partei zurückreichte: In jenen frühen Jahren lagen ja die Wurzeln für die späteren tiefgehenden Widersprüche, an denen wir dann teilhatten und die die einst Gleichgesinnten immer stärker polarisierten. Wichtig war es, Verbündete zu haben. Kurt Stern scheute sich zum Beispiel nicht, sich mit mir sozusagen »konspirativ« in der MITROPA vom Bahnhof Friedrichstraße zu treffen, um mein Verhalten in einer bevorstehenden Partei-Auseinandersetzung mit mir zu beraten. Während des berüchtigten 11. Plenums des ZK der SED im Dezember 1965 habe ich bei Jeanne und Kurt übernachtet, ihre Ermutigung und ihren Zuspruch habe ich damals gebraucht.

Kurt und Jeanne Stern gehörten nicht zu den Menschen, die sich mit ihrem Schicksal oder mit ihren Verdiensten brüsteten – sie sprachen nicht darüber. Ihn habe ich niemals sagen hören, dass seine Eltern, die 1933 in Berlin blieben, während er und Jeanne im April 1933 nach Frankreich emigrierten, als Juden in deutschen Konzentrationslagern ermordet wurden. In wenigen Sätzen wird in den Tagebüchern seine Sorge um die Eltern ausgedrückt, und – wieder greife ich vor – in den Briefen seiner Schwester lesen wir dann mit Beklemmung von ihren inständigen Bemühungen, die Eltern zu retten, indem sie ihnen in letzter Minute Papiere und Geld für die Flucht aus Deutschland zu beschaffen suchte – Bemühungen, die tragisch scheitern, wie sie auf ähnliche Weise auch bei der Mutter von Anna Seghers gescheitert sind. Darüber konnten sie nicht sprechen.

Auch seine Internierung in französischen Lagern zu Beginn des Krieges hat Kurt Stern, wenn überhaupt, nur am Rande erwähnt. Aus diesen Tagebüchern, die seinen Aufenthalt in zwei Internierungslagern dokumentieren und siebzehn Jahre nach seinem Tod erscheinen, erfahren wir davon und werden Zeuge, wie er sich mit der unfaßbaren Tatsache auseinandersetzt, dass er, ein deutscher Antifaschist, mit einer Französin verheiratet, in dem Land, in das er vor den Nazis geflohen war und das er mit verteidigen wollte, nun selbst als »feindlicher Ausländer« behandelt wird. »Es ist traurig und bedrückend, nicht als das angenommen und für das gehalten zu werden, was man ist.« Seine Frau Jeanne, die er in den zwanziger Jahren in Berlin kennengelernt hat, als sie beide studierten, hält sich durch Arbeit in einer Redaktion über Wasser. Die Last, die die Trennung ihr auferlegt, bedrückt Kurt mehr als die eigene. Diese Blätter sind auch Zeugnis einer großen, unerschütterbaren Liebe.

Dokumente wie diese Tagebücher sind selten, jedenfalls

selten überliefert und publiziert. Welcher Betroffene hat es sich schon abverlangt, unter sehr ungünstigen äußeren Umständen – um das mindeste zu sagen! – in psychischer Anspannung und Bedrückung diesen freudlosen, oftmals »leeren« Tagen schreibend Dauer zu verleihen? Für wen eigentlich? Für sich selbst? Seine Angehörigen, Freunde? Die Antwort steht in und zwischen den Zeilen: Es ging darum, sich nicht gehenzulassen, jede Art von geistiger Herausforderung zu suchen, Anregungen aufzugreifen, wach, interessiert zu bleiben an allem, was um ihn geschieht, und nicht aufzuhören, sich mit den Problemen der Zeit auseinanderzusetzen. Von »Klavierstunden« ist die Rede, von intensiver Lektüre (»Madame Bovary«), von Sprachunterricht, das Schachspiel nimmt ihn gefangen, Diskussionen mit den Kameraden reißen nicht ab – zum Beispiel über »Berührungspunkte zwischen Sozialismus und Christentum«. Stimmungseinbrüche sind unvermeidlich, es gibt sorgenvolle, verzweifelte Stunden. Nicht zuletzt mag es dieses Tagebuch sein, das ihm hilft, nicht zu verzagen, Haltung zu wahren.

Kurt Stern hat diese Aufzeichnungen mit anderen Papieren in einem alten Pappkoffer aufbewahrt, den er immer in seiner Nähe hielt. Er hat keine Anweisungen gegeben, was mit seinem Inhalt geschehen sollte. Seine und Jeannes Tochter Nadine Steinitz hat die Papiere nach dem Tod der Mutter gefunden, darunter diese Tagebücher: verschiedenartige Hefte – ein Oktavheft mit schwarzem Deckel, zwei französische linierte Schulhefte –, ein kleiner Abreißblock, auf dessen Seiten die winzige Schrift, mit Bleistift geschrieben, fast verblaßt ist. Alle Aufzeichnungen in französischer Sprache, alle zeigen in ihrem lädierten Äußeren ihr Alter, die Umstände, unter denen sie entstanden sind. Um sie vor dem endgültigen Vergehen zu bewahren, hat die Tochter sie zunächst im Computer erfaßt, sie dann ins Deutsche übertragen und dem Aufbau-Verlag übergeben. Mit hilfreichen Anmerkungen versehen, werden sie nun veröffentlicht: authentische Zeugnisse für die Nachwelt.

Wir müssen davon ausgehen, daß diese Nachwelt wenig oder nichts von dem weiß, was Kurt Stern beschreibt. Hier erleben wir Geschichte in statu nascendi. »Endlose Diskussionen über den deutsch-sowjetischen Pakt«, lesen wir gleich am Anfang. »Jeanne ist verzweifelt.« Ungläubig, verzweifelt waren viele deutsche Kommunisten im August 1939 in ihren Emigrationsländern, in den Zuchthäusern und Konzentrationslagern in Deutschland, als diese Nachricht sie erreichte: Die Sowjet-Union, auf die all ihre Hoffnung sich richtete, hat mit Hitler-Deutschland einen Nichtangriffspakt geschlossen. Dieser Pakt mit seinen katastrophalen Auswirkungen taucht in diesen Tagebüchern immer wieder auf. Die Internierten hören nicht auf, sich darüber die Köpfe heiß zu reden. Kurt Stern gehört nicht zu jenen, die ihn um jeden Preis gutheißen wollen: Die Position seiner Fürsprecher sei äußerst schwierig, schreibt er. Und in richtiger Voraussicht prophezeit er, was für einen »moralischen und politischen Schaden« er »für die Zukunft« anrichten wird. Allerdings, die Behauptung, daß die »UdSSR sich mit Hitler Polen teilen« wolle, kann er doch nicht glauben. Die muß »erlogen« sein. Leider war sie es nicht, und an den Auswirkungen dieses Geheimabkommens zwischen den beiden Großmächten leiden die Beziehungen zwischen Polen und Rußland bis heute.

Dies ist ein Beispiel – vielleicht das markanteste – dafür, daß die Zeitgenossen über wichtige historische Vorgänge in Unkenntnis gelassen wurden – um wieviel mehr jene Internierten, die von allen Nachrichten abgeschnitten waren, worunter manche, wie Kurt Stern, mehr leiden als unter den gewiß sehr belastenden widrigen äußeren Umständen. Nur in der ersten Nacht »auf dem Rasen« schreibt er: »Lebensbedingungen« – »die schlimmsten«. Mir fällt auf, daß er sonst über diese »Bedingungen« weniger ausführlich schreibt, als ich es erwarten würde, daß er sich kaum beklagt, über das unzulängliche Essen, über die primitiven Quartiere. Er hatte ja zwei Jahre auf republikanischer Seite im Spanischen Bürgerkrieg gegen Franco gekämpft, an alle möglichen Strapazen mag er gewöhnt gewesen sein. Manchen Stoßseufzer gibt er von sich über die Menschen, mit denen er diese Monate auf engem Raum zubringen muß (»Emigrantenmischmasch«) – Zwangsgefährten sehr unterschiedlicher Herkunft und politischer Einstellung, die längst nicht alle den Zuständen gewachsen sind, in die sie von einem Tag auf den anderen hineingezwungen wurden. Andererseits interessiert er sich für sie, manches Kurzporträt hebt einen der Leidensgenossen aus der Masse heraus. Selten trifft er Leute aus der »Familie«, womit die Kommunistische Partei gemeint ist. Es scheint auch geraten, sich nicht als Kommunisten zu erkennen zu geben.

Mit Spannung und Anteilnahme verfolgt man Kurt Sterns Bemühungen, aus den spärlichen Nachrichten, welche die Eingeschlossenen erreichen (und die bei weitem übertroffen werden von zahllosen Gerüchten, den »Enten«, die das Lager ausbrütet), aus jenen Nachrichten ein Bild der Lage herauszufiltern, wie er sie »draußen« vermutet, und Prognosen für die Zukunft aufzustellen. »Es wird ein grausamer Krieg werden, dessen Dauer vor allem vom Verhalten des deutschen Volkes abhängen wird.« »So befindet man sich wieder in diesem widernatürlichen Zustand, in dem man Freudentränen vergießt, wenn man vernimmt, daß es gelungen ist, Tausende von Menschen zu töten.« »Und dennoch muß dieser Krieg geführt werden. Man muß ihn führen, obwohl man ihn haßt.« Kurt Stern gehört zu denen, die damals gewiß in der Minderzahl waren, die das Ausmaß der bevorstehenden Katastrophe voraussehen: Um ebendiese Katastrophe in letzter Minute aufzuhalten, hatten sie in Spanien gekämpft.

Die Aufzeichnungen durchzieht oftmals quälende Selbstbefragung. »Alles, was man tun kann, ist, über vergangene Fehler nachzudenken, ... und wie man es besser machen kann.« Sehr wohl ist ihm bewußt, daß man dabei in die Gefahrenzone der »Abweichung« geraten kann. In einer Diskussion über »Abweichung und Kritik« fragt er: »Sind sie immer schädlich?« Die Antwort liegt in der Frage. Tief bestürzt erfährt er von einer Rede Molotows, in der der sowjetische Außenminister gesagt haben soll, Deutschland habe alle Anstrengungen unternommen, um den Frieden zu sichern. »Ich verstehe überhaupt nichts«, heißt es danach. »Und ich bleibe dabei, in Hitler den Hauptfeind zu sehen, dessen Sturz mehr als alles andere zählt. Und wenn für mich eine Welt zusammenbricht: Ich kann nur dem folgen, was mir wahr und gerecht erscheint.« Sätze wie dieser deuten die Tiefe und existentielle Schärfe des Konfliktes an, in den er und viele Kommunisten in jenen Jahren gestürzt werden und der über die ganze Zeit der Emigration akut blieb – Belege dafür sind auch die teilweise heftigen kontroversen Diskussionen unter den deutschen Kommunisten im mexikanischen Exil, welche die Parteigruppe spalteten und weit in die DDR-Zeit hinein wirkten, zu verhängnisvollen Fehlentscheidungen wie den Prozessen gegen Paul Merker und Walter Janka führten – beide von Mexiko her enge Genossen oder Freunde der Sterns. Die Auseinandersetzungen nahmen an Schärfe zu nach den ersten Enthüllungen Chruschtschows über die Verbrechen Stalins. Gerade in jener Zeit haben wir Jeanne und Kurt Stern als unerschrocken, wahrheitsliebend und Freunden gegenüber als unbedingt treu erlebt.

»Heiligt der Zweck die Mittel?« Die Frage ist für Kurt Stern nicht neu. Aus Anlaß des russisch-finnischen Krieges diskutiert er sie schon 1940 mit den Gefährten im Lager. Er scheut sich nicht, diese Frage bis in ihre letzte schmerzhafte Konsequenz zu treiben: »Sind ein Regime oder eine Idee, die, um zu siegen, ihre eigenen Prinzipien verletzen, zum Untergang verurteilt?« Damals scheint ihm die Geschichte noch »das Gegenteil zu beweisen«. Die Erfahrung der Vergeblichkeit bleibt auch ihm nicht erspart.

Zugleich und neben diesem andauernden inneren Monolog läuft der monotone Lageralltag, unterbrochen durch die heftigen Wechselbäder zwischen Hoffen und Verzweifeln, denen die Internierten ausgesetzt sind, ein Hin und Her zwischen scheinbar begründeten Aussichten auf die Verbesserung ihrer Lage und den Abstürzen in Hoffnungslosigkeit. Konzentrationslager oder Fremdenlegion – das steht plötzlich zur Wahl, beides unannehmbar. Was Kurt Stern will: Gegen die Nazis für Frankreich kämpfen zu dürfen, wird nicht gestattet. Er steht, zwischen falsche Alternativen eingeklemmt, mit dem Rücken an der Wand. Als die Deutschen in Frankreich einrücken, einen großen Teil des Landes besetzen, die willfährige Vichy-Regierung mit ihnen zusammenarbeitet, bis hin zur Auslieferung deutscher antifaschistischer Emigranten an die Gestapo, ist er zum zweitenmal interniert und schreibt: Das ist das Ende.

Damit endet auch sein zweites Lagertagebuch. Es beginnt der Kampf der deutschen Emigranten in Frankreich ums Überleben, der gleichbedeutend ist mit dem Kampf um die Möglichkeit, aus Europa zu fliehen: Dieser Kontinent ist für sie zur Falle geworden. Die gefährdeten Flüchtlinge mußten zuerst mit allen Mitteln versuchen, in den unbesetzten Süden Frankreichs zu gelangen und von da aus eine Passage nach Übersee zu bekommen. Beides war nur möglich durch die Solidarität der Freunde und Genossen. Anna Seghers, deren Mann László Radványi in südfranzösischen Lagern interniert war, entkam mit ihren Kindern aus dem besetzten Paris über die grüne Grenze ins unbesetzte Gebiet durch die tätige Hilfe von Jeanne Stern, die selbst als Lehrerin dort arbeiten konnte. Kurt Stern wurde von einem Onkel Jeannes, einem Weinbauern in Südfrankreich, als Arbeitskraft angefordert. Da konnte er Anna Seghers in dem kleinen Ort Pamiers besuchen, von wo aus sie die Überfahrt ihrer Familie in die USA, dann nach Mexiko organisierte und ihren Mann im Lager besuchen konnte.

Die Briefe an Jeanne und Kurt Stern aus dem Jahr 1940, die im Haus der Eltern von Jeanne in Burgund aufgefunden wurden und erst 2000 in die Hände der Tochter Nadine gelangten, können wir wie eine Fortsetzung der Tagebücher von Kurt Stern lesen. Ein Netzwerk von Freunden bemüht sich darum, den Sterns zu helfen, außer Landes zu kommen. Namen tauchen auf, die zum Teil schon in den Tagebüchern genannt werden, Gefährten der Sterns, deren fernere Schicksale wir heute kennen: Gustav Regler, der nach dem deutsch-sowjetischen Nichtangriffspakt mit der Kommunistischen Partei bricht, auf den also, wie mehrmals erwähnt wird, Otto Katz nicht gut zu sprechen ist und der, nachdem auch er im Lager war, ebenfalls nach Mexiko geht. Otto Katz, dessen Pseudonym André Simone ist, einer der überzeugtesten Kommunisten und unermüdlichsten Kämpfer gegen den Faschismus, kehrt über die USA und Mexiko 1946 nach Prag zurück und wird 1952 in den Prager Slansky-Prozessen als »britischer und zionistischer Agent« hingerichtet. Egon Erwin Kisch, der »rasende Reporter«, war in den Nachkriegsjahren in aller Munde, Anekdoten von ihm wurden kolportiert. Bodo Uhse, Ludwig Renn, Alexander Abusch, die, ebenso wie Anna Seghers und später die Sterns (im März 1942, mit dem letzten Schiff, das von Marseille ausläuft) in Mexiko landeten, habe ich noch gekannt. Bei F. C. Weiskopf habe ich in der »Neuen deutschen Literatur« als junge Redakteurin gearbeitet. Max Schröder war Cheflektor des Aufbau-Verlags. Den Brief Heinrich Heines an seine Mutter, ein kostbarer Besitz von Anna Seghers, von dem sie verschlüsselt an Jeanne Stern schreibt, sie möge ihn doch verkaufen, wenn sie Geld brauche – habe ich im Arbeitszimmer von Anna Seghers an der Wand hängen sehen. Er wurde durch alle Emigrationsländer gerettet.

Viele Gesichter, viele Situationen tauchen vor mir auf, während ich diese Briefe lese, die auf mich wirken, als seien sie absichtlich als anschauliches Material für ein Buch geschrieben, das zu gleicher Zeit entsteht, ohne daß die Briefeschreiber davon wissen: »Transit« von Anna Seghers. Die erlebt ja selbst in Marseille bis ins kleinste Detail die unvorstellbaren Mühen der Transit-Beschaffung, die endlos wiederholten Gänge, das stundenlange Anstehen vor Kommissionen, Konsulaten, Schiffahrtsbüros, gehetzt durch den Zeitdruck im Rücken. Die Verzweiflung, daß oft gerade ein unerläßliches Dokument ungültig wird, wenn sie das nächste ebenso unerläßliche Papier endlich in Händen halten; daß wichtige Briefe verlorengehen: Diese ganze absurde kafkaeske Wirklichkeit. Im März 1940 schreibt die Seghers an Sterns: »Dieses Leben hier – ein halbes Leben, eine halbe Realität – wäre unerträglich wenn ich nicht begonnen hätte, ernsthaft zu arbeiten. Ernsthaft, aber etwas sehr Leichtes, sehr Sanftes.« »Leicht« und »sanft« nennt Anna Seghers wohl die zarte, unauflösliche Liebesgeschichte, die in die suggestive Erzählung von den Schicksalen der Bedrohten verwoben ist. Theo Balk, durch Emigration in mehreren Ländern, durch die Teilnahme am Spanischen Bürgerkrieg, dann durch die Internierung in französischen Lagern an das unstete Leben der Emigranten gewöhnt, findet die lakonische Formulierung: »Ich bin gegenwärtig ein Individuum der ›transitären‹ Kategorie«. Auch er wird nach Mexiko gelangen und dann nach Europa zurückkehren. Seine spätere Frau, Lenka Reinerowá, hochbetagt in Prag lebend, veröffentlicht heute ihre Bücher in dem gleichen Verlag, in dem nun auch diese Tagebücher und Briefe publiziert werden. Als letzte Überlebende kann sie von den schwierigen Leben einer Generation erzählen, die in Gefahr ist, vergessen zu werden.

Was weiß man, was wissen junge Leute heute von den Namen und Schicksalen dieser Menschen? Trägt nicht die Tatsache, daß sie Linke, meist Kommunisten waren, dazu bei, daß sie aus der Traditionslinie des deutschen antifaschistischen Widerstands, der deutschen Widerstandsliteratur von der Öffentlichkeit an den Rand unseres Wahrnehmungsfeldes gedrängt wurden? Vielleicht kann dieses wenig spektakuläre Buch, das die menschliche Anteilnahme des Lesers anspricht, mithelfen, das Interesse an ihnen wachzuhalten oder zu wecken; ich denke, wir sollten nicht aufhören, nach ihnen zu fragen.

2005

Textnachweise

Kenntlich werden. Bislang unpubliziert.

»*Mitleidend bleibt das ewige Herz doch fest*«. Rede bei einer Veranstaltung der Heinrich-Böll-Stiftung am 12. 12. 1997 in Berlin. Erstveröffentlichung in: Jahresgabe 1997/98 des Luchterhand Literaturverlags, München 1998. Enthalten in Christa Wolf, Werke, Band 12, Essays/Gespräche/Reden/Briefe 1987-2000, S. 613-631. © Luchterhand Literaturverlag, München 2001.

Im Widerspruch. Rede zum hundertsten Geburtstag von Anna Seghers bei der Gedenkveranstaltung am 19. 11. 2000 in der Berliner Akademie der Künste. Erstveröffentlichung in: Sinn und Form 53 (2001). Enthalten in: Christa Wolf, Werke, Band 12, Essays/Gespräche/Reden/Briefe 1987-2000, S. 747-766. © Luchterhand Literaturverlag, München 2001.

Ein Versuch über Nachbarschaft und Unvereinbarkeit. Rede anläßlich der Verleihung des Elisabeth-Langgässer-Literaturpreises am 29. 5. 1999 in Alzey. Erstveröffentlichung in: Argonautenschiff 8 (1999). Enthalten in: Christa Wolf, Werke, Band 12, Essays/Gespräche/Reden/Briefe 1987-2000, S. 663-686. © Luchterhand Literaturverlag, München 2001.

»*... der Worte Adernetz*«. Rede anläßlich der Verleihung des Nelly-Sachs-Preises des Stadt Dortmund am 5. 12. 1999. Erstveröffentlichung in: Christa Wolf, Werke, Band 12, Essays/Gespräche/Reden/Briefe 1987-2000, S. 694-706. © Luchterhand Literaturverlag, München 2001.

Vom freien Willen gegen Verführung. Rede zur Verleihung des Hermann-Sinsheimer-Preises im März 2005. Bislang unpubliziert.

Plusquamfutur II. Rede anläßlich des sechzigsten Geburtstages von Volker Braun am 8. 5. 1999 in der Akademie der Künste zu Berlin. Erstveröffentlichung in: Volker Braun Arbeitsbuch, hg. von Frank Hörnigk, Theater der Zeit / Literaturforum im Brecht-Haus, Berlin 1999. Enthalten in: Christa Wolf, Werke, Band 12, Essays/Gespräche/Reden/Briefe 1987-2000, S. 656-662. © Luchterhand Literaturverlag, München 2001.

Ein Deutscher auf Widerruf. Einführung zur Rede Hans Mayers in der Veranstaltungsreihe »Nachdenken über Deutschland« in der Staatsoper Unter den Linden in Berlin am 11. 11. 1990. Erstveröffentlichung in: Neue Deutsche Literatur 39 (1991). Enthalten in: Christa Wolf, Auf dem Weg nach Tabou, Kiepenheuer und Witsch, Köln 1994 und in Christa Wolf, Werke, Band 12, Essays/Gespräche/Reden/Briefe 1987-2000, S. 352-362. © Luchterhand Literaturverlag, München 2001.

In memoriam. Erstveröffentlichung unter dem Titel »Außenseiter« in: Freitag, 25. 5. 2001.

Am Grab. Bislang unpubliziert.

Ehrenbürger von Leipzig. Rede anläßlich der Verleihung der Ehrenbürgerwürde postum an Hans Mayer am 9. 6. 2001 in der Deutschen Bücherei in Leipzig. Bislang unpubliziert.

»*Der ganze menschliche Entwurf*«. Lesung am 18. 8. 2003 im Landestheater Salzburg zu den »Salzburger Festspielen«. Die Schauspielerinnen Jutta Hoffmann und Johanna Schall lasen Ausschnitte aus den Werken von Inge Müller, Maxie Wander, Brigitte Reimann und Irmtraud Morgner. Erstveröffentlichung unter dem Titel »Von der Sehnsucht nach Freiheit« in einer von der Redaktion veränderten Fassung in: Literaturen 4/2004.

An Konrad Wolf erinnern. Zum Gedächtnis. Rede auf der Veranstaltung »Konrad Wolf. Erinnerung und Dokument« am 6. 3. 1992 in der Akademie der Künste zu Berlin.

Ein Bericht. Beide erstveröffentlicht in: Konrad Wolf, Archiv-Blätter 14, Akademie der Künste, 2005.

Zur Person: Günter Gaus. Erstveröffentlichung in: Freitag, 18. 11. 1994. Enthalten in: Christa Wolf, Werke, Band 12, Essays/Gespräche/Reden/Briefe 1987-2000, S. 554-559. © Luchterhand Literaturverlag, München 2001.

Ein Abschied. Erstveröffentlichung in: Freitag, 21. 5. 2004.

Kurt Sterns Tagebücher. Erstveröffentlichung als Vorwort in: Kurt Stern, Was wird mit uns geschehen? Tagebücher der Internierung 1939 und 1940, hg. von Christian Löser. © Aufbau-Verlag, Berlin 2006.

Inhalt